The Basic Sephardic Haggadah

***__Basic__ __Sephardic__ __text__** of the Haggadah and translation of the Maggid section to help everyone stay on the same page for the entire experience. Caution: Those following along with Ashkenazi alternatives might not see the scallions coming.*

Contents

A note:

This booklet is intentionally short and adapted from Sefaria's Edot HaMizrach text of the Haggadah to keep costs minimal so the whole family can have a Sepharadic Haggadah on hand at no significant cost. Until now, no basic Hebrew-English translation has been widely available for the Sephardic community, unlike Ashkenazi Hebrew-English Haggadahs which are given out for free every year.

Keep in mind, **this is a bare bones** publication of just the Haggadah text and necessary translation of the *Maggid* section! There is no commentary or the like. For translations of the prayer sections such as *Kadesh*, *Barech*, and *Hallel*, the reader is invited to avail himself of a Hebrew-English siddur or *Tehillim*. The goal is to make the Haggadah accessible and cost friendly, *not* to replace a professional work or even attempt to imitate the quality of a $30 Sephardic Haggadah. Leaving a review complaining about the cheap nature of the book is silly. That's the point, and it was made clear on the Amazon page. There's nothing here but the bare minimum, hence the word "Basic" in the title.

This booklet was compiled by Mordechai Djavaheri as a service for those who need several Hebrew English Sephardic Haggadahs handy and don't want to spend the money. The text and translation are from Sefaria.org (Shaliehsaboo and other editions), and the scallions note is his own.

Kindly send any errors, observations, insights, uncertainties, and clarifications to mordechai.djavaheri@gmail.com.

Adapted from Sefaria.org
Purchase at https://www.amazon.com/dp/B086L16FM6
Download at https://www.yutorah.org/lectures/lecture.cfm/922955

Kadesh

קַדֵּשׁ

מוזגין לו כוס ראשון ומקדש עליו.

We pour the first cup and recite Kiddush over it.

כל אחד מבני הבית יקח כוסו בידו ויעמוד, והמקדש יקבל את הכוס בשתי ידיו משתי ידיו של אדם אחר, ואחר כך יאחזנו רק בימין ויקדש ויכוון להוציא את השומעים ידי חובתם וגם הם יכונו לצאת ידי חובה.

Every person in the household should stand up holding his cup in his right hand. The one reciting Kiddush should have in mind to fulfill everyone else's obligation of reciting Kiddush, and they in turn have in mind to fulfill their obligation.

אם חל בשבת אומר שלום עליכם, אשת חיל, ואתקינו סעדתא ומדלג אזמר בשבחין. ואחר כך אומרים:

If Pesach falls on Shabbat one should say Shalom Aleichem, Eshet Hayil, Atkenu Se'udatah, then skip Azamer Bishvahin and continue.

מִזְמ֥וֹר לְדָוִ֑ד יְהֹוָ֥ה רֹ֝עִ֗י לֹ֣א אֶחְסָֽר: בִּנְא֣וֹת דֶּ֭שֶׁא יַרְבִּיצֵ֑נִי עַל־מֵ֖י מְנֻח֣וֹת יְנַהֲלֵֽנִי: נַפְשִׁ֥י יְשׁוֹבֵ֑ב יַֽנְחֵ֥נִי בְמַעְגְּלֵי־צֶ֝֗דֶק לְמַ֣עַן שְׁמֽוֹ: גַּ֤ם כִּֽי־אֵלֵ֨ךְ בְּגֵ֪יא צַלְמָ֡וֶת לֹא־אִ֘ירָ֤א רָ֗ע כִּי־אַתָּ֥ה עִמָּדִ֑י שִׁבְטְךָ֥ וּ֝מִשְׁעַנְתֶּ֗ךָ הֵ֣מָּה יְנַֽחֲמֻֽנִי: תַּעֲרֹ֬ךְ לְפָנַ֨י ׀ שֻׁלְחָ֗ן נֶ֥גֶד צֹרְרָ֑י דִּשַּׁ֥נְתָּ בַשֶּׁ֥מֶן רֹ֝אשִׁ֗י כּוֹסִ֥י רְוָיָֽה: אַ֤ךְ ׀ ט֤וֹב וָחֶ֣סֶד יִ֭רְדְּפוּנִי כָּל־יְמֵ֣י חַיָּ֑י וְשַׁבְתִּ֥י בְּבֵית־יְ֝הֹוָ֗ה לְאֹ֣רֶךְ יָמִֽים:

י֥וֹם הַשִּׁשִּֽׁי: וַיְכֻלּ֛וּ הַשָּׁמַ֥יִם וְהָאָ֖רֶץ וְכָל־צְבָאָֽם: וַיְכַ֤ל אֱלֹהִים֙ בַּיּ֣וֹם הַשְּׁבִיעִ֔י מְלַאכְתּ֖וֹ אֲשֶׁ֣ר עָשָׂ֑ה וַיִּשְׁבֹּת֙ בַּיּ֣וֹם הַשְּׁבִיעִ֔י מִכָּל־מְלַאכְתּ֖וֹ אֲשֶׁ֥ר עָשָֽׂה: וַיְבָ֤רֶךְ אֱלֹהִים֙ אֶת־י֣וֹם הַשְּׁבִיעִ֔י וַיְקַדֵּ֖שׁ אֹת֑וֹ כִּ֣י ב֤וֹ שָׁבַת֙ מִכָּל־מְלַאכְתּ֔וֹ אֲשֶׁר־בָּרָ֥א אֱלֹהִ֖ים לַעֲשֽׂוֹת:

אם חל יום טוב בחול מתחילים מכאן:

If Pesach falls out in a weekday, one starts from here:

אֵ֣לֶּה מוֹעֲדֵ֣י יְהֹוָ֔ה מִקְרָאֵ֖י קֹ֑דֶשׁ אֲשֶׁר־תִּקְרְא֥וּ אֹתָ֖ם בְּמוֹעֲדָֽם׃

וַיְדַבֵּ֣ר מֹשֶׁ֔ה אֶת־מֹעֲדֵ֖י יְהֹוָ֑ה אֶל־בְּנֵ֖י יִשְׂרָאֵֽל׃

סַבְרִי מָרָנָן! (לְחַיִּים!)

בָּרוּךְ אַתָּה יְהֹוָה. אֱלֹהֵינוּ מֶלֶךְ הָעוֹלָם. בּוֹרֵא פְּרִי הַגֶּפֶן:

בָּרוּךְ אַתָּה יְהֹוָה. אֱלֹהֵינוּ מֶלֶךְ הָעוֹלָם. אֲשֶׁר בָּחַר בָּנוּ מִכָּל-עָם וְרוֹמְמָנוּ מִכָּל-לָשׁוֹן. וְקִדְּשָׁנוּ בְּמִצְוֹתָיו. וַתִּתֶּן לָנוּ יְהֹוָה אֱלֹהֵינוּ בְּאַהֲבָה. (שבת: שַׁבָּתוֹת לִמְנוּחָה וּ) מוֹעֲדִים לְשִׂמְחָה. חַגִּים וּזְמַנִּים לְשָׂשׂוֹן. אֶת (שבת: יוֹם הַשַּׁבָּת הַזֶּה וְאֶת) יוֹם חַג הַמַּצּוֹת הַזֶּה. וְאֶת יוֹם טוֹב מִקְרָא קֹדֶשׁ הַזֶּה. זְמַן חֵרוּתֵנוּ. בְּאַהֲבָה מִקְרָא קֹדֶשׁ זֵכֶר לִיצִיאַת מִצְרָיִם. כִּי בָנוּ בָחַרְתָּ וְאוֹתָנוּ קִדַּשְׁתָּ מִכָּל-הָעַמִּים. (שבת: וְשַׁבָּתוֹת וּ) מוֹעֲדֵי קָדְשֶׁךָ (שבת: בְּאַהֲבָה וּבְרָצוֹן) בְּשִׂמְחָה וּבְשָׂשׂוֹן הִנְחַלְתָּנוּ. בָּרוּךְ אַתָּה יְהֹוָה. מְקַדֵּשׁ (שבת: הַשַּׁבָּת וְ) יִשְׂרָאֵל וְהַזְּמַנִּים:

במוצאי שבת מוסיפים:

On Saturday night one adds:

בָּרוּךְ אַתָּה יְהֹוָה. אֱלֹהֵינוּ מֶלֶךְ הָעוֹלָם. בּוֹרֵא מְאוֹרֵי הָאֵשׁ:

בָּרוּךְ אַתָּה יְהֹוָה. אֱלֹהֵינוּ מֶלֶךְ הָעוֹלָם. הַמַּבְדִּיל בֵּין קֹדֶשׁ לְחֹל. וּבֵין אוֹר לְחֹשֶׁךְ. וּבֵין יִשְׂרָאֵל לָעַמִּים. וּבֵין יוֹם הַשְּׁבִיעִי לְשֵׁשֶׁת יְמֵי הַמַּעֲשֶׂה. בֵּין קְדֻשַּׁת שַׁבָּת לִקְדֻשַּׁת יוֹם טוֹב הִבְדַּלְתָּ. וְאֶת יוֹם הַשְּׁבִיעִי מִשֵּׁשֶׁת יְמֵי הַמַּעֲשֶׂה הִקְדַּשְׁתָּ וְהִבְדַּלְתָּ. וְהִקְדַּשְׁתָּ אֶת עַמְּךָ יִשְׂרָאֵל בִּקְדֻשָּׁתָךְ. בָּרוּךְ אַתָּה יְהֹוָה. הַמַּבְדִּיל בֵּין קֹדֶשׁ לְקֹדֶשׁ:

All continue here:

בָּרוּךְ אַתָּה יְהֹוָה. אֱלֹהֵינוּ מֶלֶךְ הָעוֹלָם. שֶׁהֶחֱיָנוּ וְקִיְּמָנוּ וְהִגִּיעָנוּ לַזְּמַן הַזֶּה:

וישתו בהסבה.

We drink the cup of wine while leaning on the left side.

Urhatz

וּרְחַץ

יטול ידיו בשביל טבול הכרפס ולא יברך על נטילת ידים כי כל דבר שטבולו באחד משבעה משקין צריך נטילה ואשרי הנזהר ליטול ידיו לטיבול משקה בכל השנה.

One washes his hands without a blessing before eating Karpas.

Karpas

כַּרְפַּס

יקח כרפס פחות מכזית כדי שלא יתחייב בברכה אחרונה ויטבל אותו במי המלח ויברך ויכוין לפטור בברכה זו גם אכילת מרור.

One should take less than a Kazayit of Karpas and dip it into saltwater. Recite the blessing on the Karpas and have in mind that it should cover the Maror.

בָּרוּךְ אַתָּה יְהֹוָה. אֱלֹהֵינוּ מֶלֶךְ הָעוֹלָם. בּוֹרֵא פְּרִי הָאֲדָמָה:

ויאכל אותו בלי הסבה ויזהר להשאיר מהכרפס כדי שיהיה סוד הקערה שלם עד אכילת מצה ומרור.

Eat a small portion of Karpas without leaning and make sure some is left in the seder plate.

Yachatz

יַחַץ

יקח מצה האמצעית ויחלקנה לשני חלקים חלק אחד גדול כצורת "ו" ויצניענו לאפיקומן וחלק השני קטן כצורת "ד" יניחנו בין שתי המצות.

One takes the middle Matza and breaks it into two pieces representing a Vav and a Dalet. The Vav should be bigger and is hidden for the Afikoman. The Dalet is placed back on the Seder plate between the other Matzot.

Maggid

מַגִּיד

אומרים ההגדה בשמחה ובקול רם והיא ספור יציאת מצרים שהיא מצות עשה מן התורה.

We read the Haggadah aloud and joyously. This is the narrative of the Jews leaving Egypt, and it is a biblical mitzvah to recite it.

Ha Lachma Anya

מגביהין את הקערה ואומרים שלש פעמים:

Raise the Seder Plate and recite three times:

הָא לַחְמָא עַנְיָא. דִּי אֲכָלוּ אַבְהָתָנָא בְּאַרְעָא דְמִצְרָיִם. כָּל דִּכְפִין יֵיתֵי וְיֵכוּל. כָּל דִּצְרִיךְ יֵיתֵי וְיִפְסַח. הַשַּׁתָּא הָכָא. לְשָׁנָה הַבָּאָה בְּאַרְעָא דְיִשְׂרָאֵל. הַשַּׁתָּא הָכָא עַבְדֵי. לְשָׁנָה הַבָּאָה בְּאַרְעָא דְיִשְׂרָאֵל בְּנֵי חוֹרִין:

This is the bread of destitution that our ancestors ate in the land of Egypt. Anyone who is famished should come and eat, anyone who is in need should come and partake of the Pesach sacrifice. Now we are here, next year we will be in the land of Israel; this year we are slaves, next year we will be free people.

Mah Nishtanah, The Four Questions

מוזגים כוס שני ומסלקים את הקערה כאלו כבר אכלו כדי שיראו התינוקות וישאלו:

We pour the second cup and remove the Seder plate as if we are done with the Seder, so the children will wonder and ask:

מַה נִּשְׁתַּנָּה הַלַּיְלָה הַזֶּה. מִכָּל הַלֵּילוֹת: שֶׁבְּכָל-הַלֵּילוֹת אֵין אֲנַחְנוּ מְטַבְּלִין אֲפִילוּ פַּעַם אַחַת. וְהַלַּיְלָה הַזֶּה שְׁתֵּי פְעָמִים: שֶׁבְּכָל-הַלֵּילוֹת אֲנַחְנוּ אוֹכְלִין חָמֵץ אוֹ מַצָּה. וְהַלַּיְלָה הַזֶּה כֻּלּוֹ מַצָּה: שֶׁבְּכָל-הַלֵּילוֹת אֲנַחְנוּ אוֹכְלִין שְׁאָר יְרָקוֹת. וְהַלַּיְלָה הַזֶּה מָרוֹר: שֶׁבְּכָל-הַלֵּילוֹת אֲנַחְנוּ אוֹכְלִין וְשׁוֹתִין בֵּין יוֹשְׁבִין וּבֵין מְסֻבִּין. וְהַלַּיְלָה הַזֶּה כֻּלָּנוּ מְסֻבִּין:

What differentiates this night from all [other] nights? On all [other] nights, we don't dip [our food], even one time; tonight [we dip it] twice. On all [other] nights we eat chamets and matsa; this night, only matsa? On all [other] nights we eat other vegetables; tonight (only) marror. On [all] other nights, we eat either sitting or reclining; tonight, we all recline.

Avadim Hayinu, We Were Slaves

מחזירים הקערה למקומה על השולחן ואומר ההגדה, ותהיה המצה מגולה בשעת אמירת ההגדה. ורק בעת שאוחז הכוס בידו יכסנה.

We return the Seder plate to its place on the table and continue with the Haggadah. The Matza should remain uncovered throughout Maggid, but, as a rule, whenever one holds the cup, cover the Matza.

עֲבָדִים הָיִינוּ לְפַרְעֹה בְּמִצְרָיִם. וַיּוֹצִיאֵנוּ יְהֹוָה אֱלֹהֵינוּ מִשָּׁם. בְּיָד חֲזָקָה. וּבִזְרוֹעַ נְטוּיָה. וְאִלּוּ לֹא הוֹצִיא הַקָּדוֹשׁ בָּרוּךְ הוּא אֶת אֲבוֹתֵינוּ מִמִּצְרָיִם עֲדַיִין אֲנַחְנוּ וּבָנֵינוּ וּבְנֵי בָנֵינוּ. מְשֻׁעְבָּדִים הָיִינוּ לְפַרְעֹה בְּמִצְרָיִם. וַאֲפִלּוּ כֻּלָּנוּ חֲכָמִים. כֻּלָּנוּ נְבוֹנִים. כֻּלָּנוּ יוֹדְעִים אֶת הַתּוֹרָה. מִצְוָה עָלֵינוּ לְסַפֵּר בִּיצִיאַת מִצְרַיִם. וְכָל-הַמַּרְבֶּה לְסַפֵּר בִּיצִיאַת מִצְרַיִם הֲרֵי זֶה מְשֻׁבָּח:

We were slaves to Pharaoh in the land of Egypt. And the Lord, our God, took us out from there with a strong hand and an outstretched forearm. And if the Holy One, blessed be He, had not taken our ancestors from Egypt, behold we and our children and our children's children would [all] be enslaved to Pharaoh in Egypt. And even if we were all sages, all discerning, all elders, all knowledgeable about the Torah, it would be a commandment upon us to tell the story of the exodus from Egypt. And anyone who adds [and spends extra time] in telling the story of the exodus from Egypt, behold he is praiseworthy.

Story of the Five Rabbis

מַעֲשֶׂה בְּרַבִּי אֱלִיעֶזֶר. וְרַבִּי יְהוֹשֻׁעַ. וְרַבִּי אֶלְעָזָר בֶּן-עֲזַרְיָה. וְרַבִּי עֲקִיבָא. וְרַבִּי טַרְפוֹן. שֶׁהָיוּ מְסֻבִּין בִּבְנֵי בְרַק. וְהָיוּ מְסַפְּרִים בִּיצִיאַת מִצְרַיִם כָּל-אוֹתוֹ הַלַּיְלָה. עַד שֶׁבָּאוּ תַלְמִידֵיהֶם וְאָמְרוּ לָהֶם. רַבּוֹתֵינוּ הִגִּיעַ זְמַן קְרִיאַת שְׁמַע שֶׁל שַׁחֲרִית:

It happened once [on Pesach] that Rabbi Eliezer, Rabbi Yehoshua, Rabbi Elazar ben Azariah, Rabbi Akiva and Rabbi Tarfon were reclining in Bnei Brak and were telling the story of the exodus from Egypt that whole night, until their students came and said to them, "The time of [reciting] the morning Shema has arrived".

אָמַר רַבִּי אֶלְעָזָר בֶּן-עֲזַרְיָה. הֲרֵי אֲנִי כְּבֶן שִׁבְעִים שָׁנָה וְלֹא זָכִיתִי שֶׁתֵּאָמֵר יְצִיאַת מִצְרַיִם בַּלֵּילוֹת. עַד שֶׁדְּרָשָׁהּ בֶּן זוֹמָא שֶׁנֶּאֱמַר. לְמַעַן תִּזְכֹּר אֶת־יוֹם צֵאתְךָ מֵאֶרֶץ מִצְרַיִם כֹּל יְמֵי חַיֶּיךָ. יְמֵי חַיֶּיךָ. הַיָּמִים. כֹּל יְמֵי חַיֶּיךָ. הַלֵּילוֹת. וַחֲכָמִים אוֹמְרִים. יְמֵי חַיֶּיךָ. הָעוֹלָם הַזֶּה. כֹּל יְמֵי חַיֶּיךָ. לְהָבִיא לִימוֹת הַמָּשִׁיחַ:

Rabbi Elazar ben Azariah said, "Behold I am like a man of seventy years and I have not merited [to understand why] the exodus from Egypt should be said at night until Ben Zoma explicated it, as it is stated (Devarim 16:3), 'In order that you remember the day of your going out from the land of Egypt all the days of your life;' 'the days of your life' [indicates that the remembrance be invoked during] the days, 'all the days of your life' [indicates that the remembrance be invoked also during] the nights." But the Sages say, "'the days of your life' [indicates that the remembrance be invoked in] this world, 'all the days of your life' [indicates that the remembrance be invoked also in] the next world".

Baruch HaMakom, The Four Sons

בָּרוּךְ הַמָּקוֹם בָּרוּךְ הוּא. בָּרוּךְ שֶׁנָּתַן תּוֹרָה לְעַמּוֹ יִשְׂרָאֵל. בָּרוּךְ הוּא. כְּנֶגֶד אַרְבָּעָה בָנִים דִּבְּרָה תוֹרָה. אֶחָד חָכָם. וְאֶחָד רָשָׁע. וְאֶחָד תָּם. וְאֶחָד שֶׁאֵינוֹ יוֹדֵעַ לִשְׁאַל:

Blessed is the Place [of all], Blessed is He; Blessed is the One who Gave the Torah to His people Israel, Blessed is He. Corresponding to four sons did the Torah speak; one [who is] wise, one [who is] evil, one who is innocent and one who doesn't know to ask.

חָכָם מַה הוּא אוֹמֵר. מָה הָעֵדֹת וְהַחֻקִּים וְהַמִּשְׁפָּטִים אֲשֶׁר צִוָּה יְהֹוָה אֱלֹהֵינוּ אֶתְכֶם. אַף אַתָּה אֱמוֹר לוֹ כְּהִלְכוֹת הַפֶּסַח. אֵין מַפְטִירִין אַחַר הַפֶּסַח אֲפִיקוֹמָן:

What does the wise [son] say? "'What are these testimonies, statutes and judgments that the Lord our God commanded you?' (Devarim 6:20)" And accordingly you will say to him, as per the laws of the Pesach sacrifice, "We may not eat an afikoman [a dessert or other foods eaten after the meal] after [we are finished eating] the Pesach sacrifice. (Mishnah Pesachim 10:8)"

רָשָׁע מַה הוּא אוֹמֵר. מָה הָעֲבֹדָה הַזֹּאת לָכֶם. לָכֶם וְלֹא לוֹ. וּלְפִי שֶׁהוֹצִיא אֶת-עַצְמוֹ מִן הַכְּלָל. כָּפַר בָּעִקָּר. אַף אַתָּה הַקְהֵה אֶת-שִׁנָּיו וֶאֱמוֹר לוֹ. בַּעֲבוּר זֶה עָשָׂה יְהֹוָה לִי בְּצֵאתִי מִמִּצְרָיִם. לִי וְלֹא לוֹ. וְאִלּוּ הָיָה שָׁם לֹא הָיָה נִגְאָל:

What does the evil [son] say? "'What is this worship to you?' (Shemot 12:26)" 'To you' and not 'to him.' And since he excluded himself from the collective, he denied a principle [of the Jewish faith]. And accordingly, you will blunt his teeth and say to him, "'For the sake of this, did the Lord do [this] for me in my going out of Egypt' (Shemot 13:8)." 'For me' and not 'for him.' If he had been there, he would not have been saved.

תָּם מַה הוּא אוֹמֵר. מַה־זֹּאת. וְאָמַרְתָּ אֵלָיו בְּחֹזֶק יָד הוֹצִיאָנוּ יְהֹוָה מִמִּצְרַיִם מִבֵּית עֲבָדִים:

What does the innocent [son] say? "'What is this?' (Shemot 13:14)" And you will say to him, "'With the strength of [His] hand did the Lord take us out from Egypt, from the house of slaves' (Shemot 13:14)"'.

וְשֶׁאֵינוֹ יוֹדֵעַ לִשְׁאַל. אַתְּ פְּתַח לוֹ. שֶׁנֶּאֱמַר. וְהִגַּדְתָּ לְבִנְךָ בַּיּוֹם הַהוּא לֵאמֹר. בַּעֲבוּר זֶה עָשָׂה יְהֹוָה לִי בְּצֵאתִי מִמִּצְרָיִם:

And [regarding] the one who doesn't know to ask, you will open [the conversation] for him. As it is stated (Shemot 13:8), "And you will speak to your son on that day saying, for the sake of this, did the Lord do [this] for me in my going out of Egypt".

Yachol MeRosh Chodesh, The Time for This Mitzvah

יָכוֹל מֵרֹאשׁ חֹדֶשׁ. תַּלְמוּד לוֹמַר בַּיּוֹם הַהוּא. אִי בַּיּוֹם הַהוּא. יָכוֹל מִבְּעוֹד יוֹם. תַּלְמוּד לוֹמַר בַּעֲבוּר זֶה. בַּעֲבוּר זֶה לֹא אָמַרְתִּי אֶלָּא בְּשָׁעָה שֶׁמַּצָּה וּמָרוֹר מֻנָּחִים לְפָנֶיךָ:

It could be from Rosh Chodesh [that one would have to discuss the Exodus. However] we learn [otherwise, since] it is stated, "on that day." If it is [written] "on that day," it could be from while it is still day [before the night of the fifteenth of Nissan. However] we learn [otherwise, since] it is stated, "for the sake of this." I didn't say 'for the sake of this' except [that it be observed] when [this] matsa and maror are resting in front of you [meaning, on the night of the fifteenth].

In the Beginning, Our Fathers Were Idol Worshipers, From Terach to Covenant

מִתְּחִלָּה עוֹבְדֵי עֲבוֹדָה זָרָה הָיוּ אֲבוֹתֵינוּ. וְעַכְשָׁיו קֵרְבָנוּ הַמָּקוֹם לַעֲבֹדָתוֹ. שֶׁנֶּאֱמַר. וַיֹּאמֶר יְהוֹשֻׁעַ אֶל־כָּל־הָעָם כֹּה־אָמַר יְהוָה אֱלֹהֵי יִשְׂרָאֵל בְּעֵבֶר הַנָּהָר יָשְׁבוּ אֲבוֹתֵיכֶם מֵעוֹלָם תֶּרַח אֲבִי אַבְרָהָם וַאֲבִי נָחוֹר וַיַּעַבְדוּ אֱלֹהִים אֲחֵרִים:

From the beginning, our ancestors were idol worshipers. And now, the Place [of all] has brought us close to His worship, as it is stated (Yehoshua 24:2-4), "Yehoshua said to the whole people, so said the Lord, God of Israel, 'over the river did your ancestors dwell from always, Terach the father of Avraham and the father of Nachor, and they worshiped other gods".

וָאֶקַּח אֶת־אֲבִיכֶם אֶת־אַבְרָהָם מֵעֵבֶר הַנָּהָר וָאוֹלֵךְ אוֹתוֹ בְּכָל־אֶרֶץ כְּנָעַן וארב [וָאַרְבֶּה] אֶת־זַרְעוֹ וָאֶתֶּן־לוֹ אֶת־יִצְחָק: וָאֶתֵּן

לְיִצְחָק אֶת־יַעֲקֹב וְאֶת־עֵשָׂו וָאֶתֵּן לְעֵשָׂו אֶת־הַר שֵׂעִיר לָרֶשֶׁת
אוֹתוֹ וְיַעֲקֹב וּבָנָיו יָרְדוּ מִצְרָיִם:

And I took your father, Avraham from over the river and I made him walk in all the land of Canaan and I increased his seed and I gave him Yitzchak. And I gave to Yitzchak, Ya'akov and Esav, and I gave to Esav, Mount Seir [in order that he] inherit it; and Yaakov and his sons went down to Egypt"'.

בָּרוּךְ שׁוֹמֵר הַבְטָחָתוֹ לְיִשְׂרָאֵל. בָּרוּךְ הוּא. שֶׁהַקָּדוֹשׁ בָּרוּךְ הוּא.
חִשֵּׁב אֶת-הַקֵּץ. לַעֲשׂוֹת כְּמָה שֶׁאָמַר לְאַבְרָהָם אָבִינוּ בִּבְרִית בֵּין
הַבְּתָרִים. שֶׁנֶּאֱמַר. וַיֹּאמֶר לְאַבְרָם יָדֹעַ תֵּדַע כִּי־גֵר יִהְיֶה זַרְעֲךָ
בְּאֶרֶץ לֹא לָהֶם וַעֲבָדוּם וְעִנּוּ אֹתָם אַרְבַּע מֵאוֹת שָׁנָה: וְגַם אֶת־
הַגּוֹי אֲשֶׁר יַעֲבֹדוּ דָּן אָנֹכִי וְאַחֲרֵי־כֵן יֵצְאוּ בִּרְכֻשׁ גָּדוֹל:

Blessed is the One who keeps his promise to Israel, blessed be He; since the Holy One, blessed be He, calculated the end [of the exile,] to do as He said to Avraham, our father, in the Covenant between the Pieces, as it is stated (Bereshit 15:13-14), "And He said to Avram, 'you should surely know that your seed will be a stranger in a land that is not theirs, and they will enslave them and afflict them four hundred years. And also that nation for which they shall toil will I judge, and afterwards they will will go out with much property"'.

יכסה את המצות ויאחז את הכוס בידו הימנית ויאמר:

Cover the Matzot, hold the cup of wine in the right hand, and say:

וְהִיא שֶׁעָמְדָה לַאֲבוֹתֵינוּ וְלָנוּ. שֶׁלֹּא אֶחָד בִּלְבַד עָמַד עָלֵינוּ
לְכַלּוֹתֵינוּ. אֶלָּא שֶׁבְּכָל-דּוֹר וָדוֹר עוֹמְדִים עָלֵינוּ לְכַלּוֹתֵינוּ.
וְהַקָּדוֹשׁ בָּרוּךְ הוּא מַצִּילֵנוּ מִיָּדָם:

And it is this [covenant] that has stood for our ancestors and for us, since it is not [only] one [person or nation] that has stood [against] us to destroy us, but rather in each generation, they stand [against] us to destroy us, but the Holy One, blessed be He, rescues us from their hand.

Deriving the Miracles from Verses in the Torah

יניח הכוס על השלחן, ויגלה המצות עד לפיכך.

We put down the cup and uncover the Matza until "Lefichach".

צֵא וּלְמַד מַה בִּקֵּשׁ לָבָן הָאֲרַמִּי לַעֲשׂוֹת לְיַעֲקֹב אָבִינוּ. שֶׁפַּרְעֹה לֹא גָזַר אֶלָּא עַל הַזְּכָרִים. וְלָבָן בִּקֵּשׁ לַעֲקוֹר אֶת הַכֹּל. שֶׁנֶּאֱמַר.

"אֲרַמִּי֙ אֹבֵ֣ד אָבִ֔י וַיֵּ֣רֶד מִצְרַ֔יְמָה וַיָּ֥גָר שָׁ֖ם בִּמְתֵ֣י מְעָ֑ט וַֽיְהִי־שָׁ֕ם לְג֥וֹי גָּד֖וֹל עָצ֥וּם וָרָֽב:"

Go out and learn what what Lavan the Aramean sought to do to Ya'akov, our father; since Pharaoh only decreed [the death sentence] on the males but Lavan sought to uproot the whole [people]. As it is stated (Devarim 26:5), "An Aramean was destroying my father and he went down to Egypt, and he resided there with a small number and he became there a nation, great, powerful and numerous".

Now, we go phrase by phrase and derive the Midrashic interpretations of the verse regarding the miracles God did for us in Egpyt

1. **וַיֵּרֶד מִצְרַיְמָה.** אָנוּס עַל פִּי הַדִּבּוּר:

"And he went down to Egypt" - helpless on account of the word [in which God told Avraham that his descendants would have to go into exile].

2. **וַיָּגָר שָׁם.** מְלַמֵּד שֶׁלֹּא יָרַד לְהִשְׁתַּקֵּעַ אֶלָּא לָגוּר שָׁם. שֶׁנֶּאֱמַר. וַיֹּאמְרוּ אֶל־פַּרְעֹה לָגוּר בָּאָרֶץ בָּאנוּ כִּי־אֵין מִרְעֶה לַצֹּאן אֲשֶׁר לַעֲבָדֶיךָ כִּי־כָבֵד הָרָעָב בְּאֶרֶץ כְּנָעַן וְעַתָּה יֵשְׁבוּ־נָא עֲבָדֶיךָ בְּאֶרֶץ גֹּשֶׁן:

"And he resided there" - [this] teaches that Ya'akov, our father, didn't go down to settle in Egypt, but rather [only] to reside there, as it is stated (Bereshit 47:4), "And they said to Pharaoh, to reside in the land have we come, since there is not enough pasture for your servant's flocks, since the famine is heavy in the land of Canaan, and now please grant that your servants should dwell in the land of Goshen".

3. **בִּמְתֵי מְעָט.** כְּמוֹ שֶׁנֶּאֱמַר. בְּשִׁבְעִים נֶפֶשׁ יָרְדוּ אֲבֹתֶיךָ מִצְרָיְמָה וְעַתָּה שָׂמְךָ יְהוָה אֱלֹהֶיךָ כְּכוֹכְבֵי הַשָּׁמַיִם לָרֹב:

"As a small number" - as it is stated (Devarim 10:22), "With seventy souls did your ancestors come down to Egypt, and now the Lord your God has made you as numerous as the stars of the sky".

4. **וַיְהִי שָׁם לְגוֹי גָּדוֹל.** מְלַמֵּד שֶׁהָיוּ יִשְׂרָאֵל מְצוּיָּנִים שָׁם:

"And he became there a nation" - [this] teaches that Israel [became] distinguishable there.

5. **לְגוֹי גָּדוֹל עָצוּם.** כְּמוֹ שֶׁנֶּאֱמַר. וּבְנֵי יִשְׂרָאֵל פָּרוּ וַיִּשְׁרְצוּ וַיִּרְבּוּ וַיַּעַצְמוּ בִּמְאֹד מְאֹד וַתִּמָּלֵא הָאָרֶץ אֹתָם:

14

"Great, powerful" - as it is stated (Shemot 1:7), "And the children of Israel multiplied and swarmed and grew numerous and strong, most exceedingly and the land became full of them".

6. וָרָב. כְּמוֹ שֶׁנֶּאֱמַר. רְבָבָה כְּצֶמַח הַשָּׂדֶה נְתַתִּיךְ וַתִּרְבִּי וַתִּגְדְּלִי וַתָּבֹאִי בַּעֲדִי עֲדָיִים שָׁדַיִם נָכֹנוּ וּשְׂעָרֵךְ צִמֵּחַ וְאַתְּ עֵרֹם וְעֶרְיָה: וָאֶעֱבֹר עָלַיִךְ וָאֶרְאֵךְ מִתְבּוֹסֶסֶת בְּדָמָיִךְ וָאֹמַר לָךְ בְּדָמַיִךְ חֲיִי וָאֹמַר לָךְ בְּדָמַיִךְ חֲיִי:

"And numerous" - as it is stated (Yechezkel 16:7), "I have given you to be numerous as the vegetation of the field, and you increased and grew and became highly ornamented, your breasts were set and your hair grew, but you were naked and barren;" "And I passed over you and I saw you wallowing in your blood, and I said to you, you shall live in your blood, and I said to you, you shall live in your blood" (Yechezkel 16:6).

וַיָּרֵעוּ אֹתָנוּ הַמִּצְרִים וַיְעַנּוּנוּ וַיִּתְּנוּ עָלֵינוּ עֲבֹדָה קָשָׁה:

7. וַיָּרֵעוּ אֹתָנוּ הַמִּצְרִים. כְּמוֹ שֶׁנֶּאֱמַר. הָבָה נִתְחַכְּמָה לוֹ פֶּן־ יִרְבֶּה וְהָיָה כִּי־תִקְרֶאנָה מִלְחָמָה וְנוֹסַף גַּם־הוּא עַל־שֹׂנְאֵינוּ וְנִלְחַם־בָּנוּ וְעָלָה מִן־הָאָרֶץ:

"And the Egyptians did bad to us and afflicted us and put upon us hard work" (Devarim 26:6). "And the Egyptians did bad to us" - as it is stated (Shemot 1:10), "Let us be wise towards him, lest he multiply and it will be that when war

15

is called, he too will join with our enemies and fight against us and go up from the land".

8. **וַיְעַנּוּנוּ. כְּמוֹ שֶׁנֶּאֱמַר.** וַיָּשִׂימוּ עָלָיו שָׂרֵי מִסִּים לְמַעַן עַנֹּתוֹ בְּסִבְלֹתָם וַיִּבֶן עָרֵי מִסְכְּנוֹת לְפַרְעֹה אֶת־פִּתֹם וְאֶת־רַעַמְסֵס:

"And afflicted us" - as it is stated (Shemot 1:11); "And they placed upon him leaders over the work-tax in order to afflict them with their burdens, and they built storage cities, Pitom and Ra'amses".

9. **וַיִּתְּנוּ עָלֵינוּ עֲבֹדָה קָשָׁה.** כְּמוֹ שֶׁנֶּאֱמַר. וַיַּעֲבִדוּ מִצְרַיִם אֶת־בְּנֵי יִשְׂרָאֵל בְּפָרֶךְ:

"And put upon us hard work" - as it is stated (Shemot 1:11), "And they enslaved the children of Israel with breaking work".

וַנִּצְעַק אֶל־יְהֹוָה אֱלֹהֵי אֲבֹתֵינוּ וַיִּשְׁמַע יְהֹוָה אֶת־קֹלֵנוּ וַיַּרְא אֶת־עָנְיֵנוּ וְאֶת־עֲמָלֵנוּ וְאֶת־לַחֲצֵנוּ:

"And we cried out to the Lord, the God of our ancestors, and the Lord heard our voice, and He saw our affliction, and our toil and our duress" (Devarim 26:7).

10. **וַנִּצְעַק אֶל-יְהֹוָה אֱלֹהֵי אֲבֹתֵינוּ.** כְּמוֹ שֶׁנֶּאֱמַר. וַיְהִי בַיָּמִים הָרַבִּים הָהֵם וַיָּמָת מֶלֶךְ מִצְרַיִם וַיֵּאָנְחוּ בְנֵי־יִשְׂרָאֵל מִן־הָעֲבֹדָה וַיִּזְעָקוּ וַתַּעַל שַׁוְעָתָם אֶל־הָאֱלֹהִים מִן־הָעֲבֹדָה:

"And we cried out to the Lord, the God of our ancestors" - as it is stated (Shemot 2:23); "And it was in those great days that the king of Egypt died and the Children of Israel sighed from the work and yelled out, and their supplication went up to God from the work".

11. **וַיִּשְׁמַע יְהֹוָה אֶת קֹלֵנוּ**. כְּמוֹ שֶׁנֶּאֱמַר. וַיִּשְׁמַע אֱלֹהִים אֶת־נַאֲקָתָם וַיִּזְכֹּר אֱלֹהִים אֶת־בְּרִיתוֹ אֶת־אַבְרָהָם אֶת־יִצְחָק וְאֶת־יַעֲקֹב:

"And the Lord heard our voice" - as it is stated (Shemot 2:24); "And God heard their groans and God remembered his covenant with Avraham and with Yitzchak and with Ya'akov".

12. **וַיַּרְא אֶת עָנְיֵנוּ**. זוֹ פְּרִישׁוּת דֶּרֶךְ אֶרֶץ. כְּמוֹ שֶׁנֶּאֱמַר. וַיַּרְא אֱלֹהִים אֶת־בְּנֵי יִשְׂרָאֵל וַיֵּדַע אֱלֹהִים:

"And He saw our affliction" - this [refers to] the separation from the way of the world, as it is stated (Shemot 2:25); "And God saw the Children of Israel and God knew".

13. **וְאֶת עֲמָלֵנוּ**. אֵלּוּ הַבָּנִים. כְּמוֹ שֶׁנֶּאֱמַר. וַיְצַו פַּרְעֹה לְכָל־עַמּוֹ לֵאמֹר כָּל־הַבֵּן הַיִּלּוֹד הַיְאֹרָה תַּשְׁלִיכֻהוּ וְכָל־הַבַּת תְּחַיּוּן:

"And our toil" - this [refers to the killing of the] sons, as it is stated (Shemot 1:24); "Every boy that is born, throw him into the Nile and every girl you shall keep alive".

14. **וְאֶת לַחֲצֵנוּ**. זֶה הַדְּחַק. כְּמוֹ שֶׁנֶּאֱמַר. וְגַם־רָאִיתִי אֶת־הַלַּחַץ אֲשֶׁר מִצְרַיִם לֹחֲצִים אֹתָם:

"And our duress" - this [refers to] the pressure, as it is stated (Shemot 3:9); "And I also saw the duress that the Egyptians are applying on them".

וַיּוֹצִאֵנוּ יְהֹוָה מִמִּצְרַיִם בְּיָד חֲזָקָה וּבִזְרֹעַ נְטוּיָה וּבְמֹרָא גָּדֹל וּבְאֹתוֹת וּבְמֹפְתִים:

"And the Lord took us out of Egypt with a strong hand and with an outstretched forearm and with great awe and with signs and with wonders" (Devarim 26:8).

15. **וַיּוֹצִאֵנוּ יְהֹוָה מִמִּצְרַיִם.** לֹא עַל יְדֵי מַלְאָךְ. וְלֹא עַל יְדֵי שָׂרָף. וְלֹא עַל יְדֵי שָׁלִיחַ. אֶלָּא הַקָּדוֹשׁ בָּרוּךְ הוּא בִּכְבוֹדוֹ וּבְעַצְמוֹ. שֶׁנֶּאֱמַר. וְעָבַרְתִּי בְאֶרֶץ־מִצְרַיִם בַּלַּיְלָה הַזֶּה וְהִכֵּיתִי כָל־בְּכוֹר בְּאֶרֶץ מִצְרַיִם מֵאָדָם וְעַד־בְּהֵמָה וּבְכָל־אֱלֹהֵי מִצְרַיִם אֶעֱשֶׂה שְׁפָטִים אֲנִי יְהֹוָה:

"And the Lord took us out of Egypt" - not through an angel and not through a seraph and not through a messenger, but [directly by] the Holy One, blessed be He, Himself, as it is stated (Shemot 12:12); "And I will pass through the land of Egypt on that night and I will smite every firstborn in the land of Egypt, from men to animals; and with all the gods of Egypt, I will make judgements, I am the Lord".

16. **וְעָבַרְתִּי בְאֶרֶץ מִצְרַיִם.** אֲנִי וְלֹא מַלְאָךְ. וְהִכֵּיתִי כָל־בְּכוֹר. אֲנִי וְלֹא שָׂרָף. וּבְכָל־אֱלֹהֵי מִצְרַיִם אֶעֱשֶׂה שְׁפָטִים. אֲנִי וְלֹא שָׁלִיחַ. אֲנִי יְהֹוָה. אֲנִי הוּא וְלֹא אַחֵר:

"And I will pass through the land of Egypt" - I and not an angel. "And I will smite every firstborn" - I and not a seraph. "And with all the gods of Egypt, I will make judgements" - I and not a messenger. "I am the Lord" - I am He and there is no other.

(אָמְרוּ רַבּוֹתֵינוּ זִכְרוֹנָם לִבְרָכָה. כְּשֶׁיָּרַד הַקָּדוֹשׁ בָּרוּךְ הוּא עַל הַמִּצְרִיִּים בְּמִצְרַיִם. יָרְדוּ עִמּוֹ תִּשְׁעַת אֲלָפִים רְבָבוֹת. מֵהֶם מַלְאֲכֵי אֵשׁ. וּמֵהֶם מַלְאֲכֵי בָרָד. וּמֵהֶם מַלְאֲכֵי זִיעַ. וּמֵהֶם מַלְאֲכֵי רֶתֶת. וּמֵהֶם מַלְאֲכֵי חַלְחָלָה. וְרֶתֶת וְחַלְחָלָה אוֹחֶזֶת לְמִי שֶׁהוּא רוֹאֶה אוֹתָם. אָמְרוּ לְפָנָיו רִבּוֹנוֹ שֶׁל עוֹלָם. וַהֲלֹא מֶלֶךְ בָּשָׂר וָדָם כְּשֶׁהוּא יוֹרֵד לַמִּלְחָמָה שָׂרָיו וַעֲבָדָיו מַקִּיפִין בִּכְבוֹדוֹ. וְאַתָּה מֶלֶךְ מַלְכֵי הַמְּלָכִים הַקָּדוֹשׁ בָּרוּךְ הוּא דַּיָּן עָלֵינוּ. שֶׁאֲנַחְנוּ עֲבָדֶיךָ. וְהֵם בְּנֵי בְרִיתֶךָ. נֵרֵד וְנַעֲשֶׂה עִמָּם מִלְחָמָה. אָמַר לָהֶם. אֵין דַּעְתִּי מִתְקָרֶרֶת עַד שֶׁאֵרֵד אֲנִי בְּעַצְמִי. אֲנִי בִּכְבוֹדִי. אֲנִי בִּגְדוּלָּתִי. אֲנִי בִּקְדוּשָּׁתִי. אֲנִי יְהֹוָה אֲנִי הוּא וְלֹא אַחֵר:)

17. **בְּיָד חֲזָקָה.** זוֹ הַדֶּבֶר. כְּמוֹ שֶׁנֶּאֱמַר. הִנֵּה יַד־יְהֹוָה הוֹיָה בְּמִקְנְךָ אֲשֶׁר בַּשָּׂדֶה בַּסּוּסִים בַּחֲמֹרִים בַּגְּמַלִּים בַּבָּקָר וּבַצֹּאן דֶּבֶר כָּבֵד מְאֹד:

"With a strong hand" - this [refers to] the pestilence, as it is stated (Shemot 9:3); "Behold the hand of the Lord is upon your herds that are in the field, upon the horses, upon the donkeys, upon the camels, upon the cattle and upon the flocks, [there will be] a very heavy pestilence".

18. **וּבִזְרֹעַ נְטוּיָה.** זוֹ הַחֶרֶב. כְּמוֹ שֶׁנֶּאֱמַר. וְחַרְבּוֹ שְׁלוּפָה בְּיָדוֹ נְטוּיָה עַל־יְרוּשָׁלָ͏ִם:

"And with an outstretched forearm" - this [refers to] the sword, as it is stated (Divrei HaYamim I 21:16); "And his sword was drawn in his hand, leaning over Jerusalem:

19. **וּבְמוֹרָא גָּדֹל.** זֶה גִּלּוּי שְׁכִינָה. כְּמוֹ שֶׁנֶּאֱמַר. אוֹ הֲנִסָּה אֱלֹהִים לָבוֹא לָקַחַת לוֹ גוֹי מִקֶּרֶב גּוֹי בְּמַסֹּת בְּאֹתֹת וּבְמוֹפְתִים וּבְמִלְחָמָה וּבְיָד חֲזָקָה וּבִזְרוֹעַ נְטוּיָה וּבְמוֹרָאִים גְּדֹלִים כְּכֹל אֲשֶׁר־עָשָׂה לָכֶם יְהֹוָה אֱלֹהֵיכֶם בְּמִצְרַיִם לְעֵינֶיךָ:

"And with great awe" - this [refers to the revelation of] the Divine Presence, as it is stated (Devarim 4:34); Or did God try to take for Himself a nation from within a nation with enigmas, with signs and with wonders and with war and with a strong hand and with an outstretched forearm and with great and awesome acts, like all that the Lord, your God, did for you in Egypt in front of your eyes"?

20.**וּבְאֹתוֹת. זֶה הַמַּטֶּה.** כְּמוֹ שֶׁנֶּאֱמַר. וְאֶת־הַמַּטֶּה הַזֶּה תִּקַּח בְּיָדֶךָ אֲשֶׁר תַּעֲשֶׂה־בּוֹ אֶת־הָאֹתֹת:

"And with signs" - this [refers to] the staff, as it is stated (Shemot 4:17); "And this staff you shall take in your hand, that with it you will perform signs".

21.**וּבְמֹפְתִים.** זֶה הַדָּם. כְּמוֹ שֶׁנֶּאֱמַר. וְנָתַתִּי מוֹפְתִים בַּשָּׁמַיִם וּבָאָרֶץ

"And with wonders" - this [refers to] the blood, as it is stated (Yoel 3:3); "And I will place my wonders in the skies and in the earth:

The Ten Plagues

יקח בידו כוס יין. וישפוך בכלי שלש פעמים כשיאמר דם ואש ותימרות עשן וכן באומרו עשר מכות ישפוך עשר פעמים בכל מכה ישפוך מעט וכן דצ"ך עד"ש באח"ב סך הכל ט"ז פעמים.

Take a cup of wine and pour three times, once for each of the following three words, and then once per each of the ten plagues and their acronyms. Dispose of the wine afterwards.

דָּם וָאֵשׁ וְתִימְרוֹת עָשָׁן:

"blood and fire and pillars of smoke".

דָּבָר אַחֵר. בְּיָד חֲזָקָה שְׁתַּיִם. וּבִזְרוֹעַ נְטוּיָה שְׁתַּיִם. וּבְמוֹרָא גָּדֹל שְׁתַּיִם. וּבְאֹתוֹת שְׁתַּיִם. וּבְמֹפְתִים שְׁתַּיִם:

Another [explanation]: "With a strong hand" [corresponds to] two [plagues]; "and with an outstretched forearm" [corresponds to] two [plagues]; "and with great awe" [corresponds to] two [plagues]; "and with signs" [corresponds to] two [plagues]; "and with wonders" [corresponds to] two [plagues].

אֵלּוּ עֶשֶׂר מַכּוֹת שֶׁהֵבִיא הַקָּדוֹשׁ בָּרוּךְ הוּא עַל הַמִּצְרִיִּים בְּמִצְרַיִם. וְאֵלּוּ הֵן:

These are [the] ten plagues that the Holy One, blessed be He, brought on the Egyptians in Egypt and they are:

1. דָּם. Blood
2. צְפַרְדֵּעַ. Frogs
3. כִּנִּים. Lice
4. עָרוֹב. Wild Animals
5. דֶּבֶר. Pestilence
6. שְׁחִין. Boils
7. בָּרָד. Hail
8. אַרְבֶּה. Locusts
9. חֹשֶׁךְ. Darkness
10. מַכַּת בְּכוֹרוֹת. Slaying of First Born

רַבִּי יְהוּדָה הָיָה נוֹתֵן בָּהֶם סִמָּנִים: דְּצַ"ךְ. עַדַ"שׁ. בְּאַחַ"ב:

Rabbi Yehuda was accustomed to giving [the plagues] mnemonics: Detsakh [the Hebrew initials of the first three plagues], Adash [the Hebrew initials of the second three plagues], Beachav [the Hebrew initials of the last four plagues].

רַבִּי יוֹסֵי הַגְּלִילִי אוֹמֵר. מִנַּיִן אַתָּה אוֹמֵר שֶׁלָּקוּ הַמִּצְרִיִּים בְּמִצְרַיִם עֶשֶׂר מַכּוֹת. וְעַל הַיָּם לָקוּ חֲמִשִּׁים מַכּוֹת. בְּמִצְרַיִם מַה הוּא אוֹמֵר. וַיֹּאמְרוּ הַחַרְטֻמִּים֙ אֶל־פַּרְעֹ֔ה אֶצְבַּ֥ע אֱלֹהִ֖ים הִ֑וא. וְעַל הַיָּם מַה הוּא אוֹמֵר. וַיַּ֨רְא יִשְׂרָאֵ֜ל אֶת־הַיָּ֣ד הַגְּדֹלָ֗ה אֲשֶׁ֨ר עָשָׂ֤ה יְהוָה֙ בְּמִצְרַ֔יִם וַיִּֽירְא֥וּ הָעָ֖ם אֶת־יְהוָ֑ה וַיַּֽאֲמִ֨ינוּ֙ בַּֽיהוָ֔ה וּבְמֹשֶׁ֖ה עַבְדּֽוֹ: כַּמָּה לָקוּ בְּאֶצְבַּע. עֶשֶׂר מַכּוֹת. אֱמוֹר מֵעַתָּה בְּמִצְרַיִם לָקוּ עֶשֶׂר מַכּוֹת. וְעַל הַיָּם לָקוּ חֲמִשִּׁים מַכּוֹת:

Rabbi Yose Hagelili says, "From where can you [derive] that the Egyptians were struck with ten plagues in Egypt and struck with fifty plagues at the Sea? In Egypt, what does it state? 'Then the magicians said unto Pharaoh: ‘This is the finger of God' (Shemot 8:15). And at the Sea, what does it state? 'And Israel saw the Lord's great hand that he used upon the Egyptians, and the people feared the Lord; and they believed in the Lord, and in Moshe, His servant' (Shemot 14:31). How many were they struck with with the finger? Ten plagues. You can say from here that in Egypt, they were struck with ten plagues and at the Sea, they were struck with fifty plagues".

רַבִּי אֱלִיעֶזֶר אוֹמֵר. מִנַּיִן שֶׁכָּל-מַכָּה וּמַכָּה שֶׁהֵבִיא הַקָּדוֹשׁ בָּרוּךְ הוּא עַל הַמִּצְרִיִּים בְּמִצְרַיִם הָיְתָה שֶׁל אַרְבַּע מַכּוֹת. שֶׁנֶּאֱמַר. יְשַׁלַּח־בָּם חֲרוֹן אַפּוֹ עֶבְרָ֣ה וָזַ֣עַם וְצָרָ֑ה מִשְׁלַ֗חַת מַלְאֲכֵ֥י רָעִֽים. עֶבְרָה אַחַת. וָזַעַם שְׁתַּיִם. וְצָרָה שָׁלֹשׁ. מִשְׁלַחַת מַלְאֲכֵי רָעִים אַרְבַּע. אֱמוֹר מֵעַתָּה בְּמִצְרַיִם לָקוּ אַרְבָּעִים מַכּוֹת. וְעַל הַיָּם לָקוּ מָאתַיִם מַכּוֹת:

Rabbi Eliezer says, "From where [can you derive] that every plague that the Holy One, blessed be He, brought upon the Egyptians in Egypt was [composed] of four plagues? As it is stated (Tehillim 78:49): 'He sent upon them the fierceness of His anger, wrath, and fury, and trouble, a sending of messengers of evil.' 'Wrath' [corresponds to] one; 'and fury' [brings it to] two; 'and trouble' [brings it to] three; 'a sending of messengers of evil' [brings it to] four. You can say from here that in Egypt, they were struck with forty plagues and at the Sea, they were struck with two hundred plagues".

רַבִּי עֲקִיבָא אוֹמֵר. מִנַּיִן שֶׁכָּל-מַכָּה וּמַכָּה שֶׁהֵבִיא הַקָּדוֹשׁ בָּרוּךְ הוּא עַל הַמִּצְרִיִּים בְּמִצְרַיִם הָיְתָה שֶׁל חָמֵשׁ מַכּוֹת. שֶׁנֶּאֱמַר. יְשַׁלַּח־בָּם חֲרוֹן אַפּוֹ עֶבְרָה וָזַעַם וְצָרָה מִשְׁלַחַת מַלְאֲכֵי רָעִים. חֲרוֹן אַפּוֹ אַחַת. עֶבְרָה שְׁתַּיִם. וָזַעַם שָׁלֹשׁ. וְצָרָה אַרְבַּע. מִשְׁלַחַת מַלְאֲכֵי רָעִים חָמֵשׁ. אֱמוֹר מֵעַתָּה בְּמִצְרַיִם לָקוּ חֲמִשִּׁים מַכּוֹת. וְעַל הַיָּם לָקוּ מָאתַיִם וַחֲמִשִּׁים מַכּוֹת:

Rabbi Akiva says, says, "From where [can you derive] that every plague that the Holy One, blessed be He, brought upon the Egyptians in Egypt was [composed] of five plagues? As it is stated (Tehillim 78:49): 'He sent upon them the fierceness of His anger, wrath, and fury, and trouble, a sending of messengers of evil.' 'The fierceness of His anger' [corresponds to] one; 'wrath' [brings it to] two; 'and fury' [brings it to] three; 'and trouble' [brings it to] four; 'a sending of messengers of evil' [brings it to] five. You can say from here that in Egypt, they were struck with fifty plagues and at the Sea, they were struck with two hundred and fifty plagues".

Dayenu!

Persians have the custom of whipping one another with scallions during Dayenu to reenact the beatings of the Jewish slaves by the Egyptians and to keep everyone attentive thus far. Someone should probably try to explain the general idea before the chaos ensues.

כל אחד מן המסובים מגדול עד קטן לוקחים בצל ירוק ומצליף **בעדינות** זה את זה.

כַּמָּה מַעֲלוֹת טוֹבוֹת לַמָּקוֹם עָלֵינוּ:

How many degrees of good did God upon us!

אִלּוּ הוֹצִיאָנוּ מִמִּצְרַיִם. וְלֹא עָשָׂה בָהֶם שְׁפָטִים דַּיֵּנוּ:

If He had taken us out of Egypt and not made judgements on them; [it would have been] enough for us.

אִלּוּ עָשָׂה בָהֶם שְׁפָטִים. וְלֹא עָשָׂה בֵאלֹהֵיהֶם דַּיֵּנוּ:

If He had made judgments on them and had not made [them] on their gods; [it would have been] enough for us.

אִלּוּ עָשָׂה בֵאלֹהֵיהֶם. וְלֹא הָרַג בְּכוֹרֵיהֶם דַּיֵּנוּ:

If He had made [them] on their gods and had not killed their firstborn; [it would have been] enough for us.

אִלּוּ הָרַג בְּכוֹרֵיהֶם. וְלֹא נָתַן לָנוּ אֶת-מָמוֹנָם דַּיֵּנוּ:

If He had killed their firstborn and had not given us their money; [it would have been] enough for us.

(וּמִנַּיִן שֶׁנָּתַן לָנוּ אֶת-מָמוֹנָם. שֶׁנֶּאֱמַר. וְיִנַצְּלוּ אֶת־מִצְרָיִם. עֲשָׂאוּהָ כִּמְצוּלָה שֶׁאֵין בָּהּ דָּגִים. דָּבָר אַחֵר עֲשָׂאוּהָ כִּמְצוּדָה שֶׁאֵין בָּהּ דָּגָן. לָמָּה מְחַבֵּב הַכָּתוּב אֶת בִּזַּת הַיָּם יוֹתֵר מִבִּזַּת מִצְרַיִם. אֶלָּא מַה שֶּׁהָיָה בַבָּתִּים נָטְלוּ בְּמִצְרַיִם. וּמַה שֶּׁהָיָה בְּבָתֵּי תְשׁוּרָאוֹת נָטְלוּ עַל הַיָּם. וְכֵן הוּא אוֹמֵר כַּנְפֵי יוֹנָה נֶחְפָּה בַכֶּסֶף. זוֹ בִּזַּת מִצְרַיִם. וְאֶבְרוֹתֶיהָ בִּירַקְרַק חָרוּץ. זוֹ בִּזַּת הַיָּם. וַתִּרְבִּי וַתִּגְדְּלִי וַתָּבֹאִי. זוֹ בִּזַּת מִצְרַיִם. בַּעֲדִי

עֲדָיִים. זוֹ בִּזַּת הַיָּם. תּוֹרֵי זָהָב נַעֲשֶׂה־לָּךְ. זוֹ בִּזַּת מִצְרַיִם. עִם נְקֻדּוֹת הַכָּסֶף. זוֹ בִּזַּת הַיָּם:)

אִלּוּ נָתַן לָנוּ אֶת-מָמוֹנָם. וְלֹא קָרַע לָנוּ אֶת-הַיָּם דַּיֵּנוּ:

If He had given us their money and had not split the Sea for us; [it would have been] enough for us.

אִלּוּ קָרַע לָנוּ אֶת-הַיָּם. וְלֹא הֶעֱבִירָנוּ בְתוֹכוֹ בֶּחָרָבָה דַּיֵּנוּ:

If He had split the Sea for us and had not taken us through it on dry land; [it would have been] enough for us.

אִלּוּ הֶעֱבִירָנוּ בְתוֹכוֹ בֶּחָרָבָה. וְלֹא שִׁקַּע צָרֵינוּ בְּתוֹכוֹ דַּיֵּנוּ:

If He had taken us through it on dry land and had not pushed down our enemies in [the Sea]; [it would have been] enough for us.

אִלּוּ שִׁקַּע צָרֵינוּ בְּתוֹכוֹ. וְלֹא סִפֵּק צָרְכֵנוּ בַּמִּדְבָּר אַרְבָּעִים שָׁנָה דַּיֵּנוּ:

If He had pushed down our enemies in [the Sea] and had not supplied our needs in the wilderness for forty years; [it would have been] enough for us.

אִלּוּ סִפֵּק צָרְכֵנוּ בַּמִּדְבָּר אַרְבָּעִים שָׁנָה. וְלֹא הֶאֱכִילָנוּ אֶת הַמָּן דַּיֵּנוּ:

If He had supplied our needs in the wilderness for forty years and had not fed us the manna; [it would have been] enough for us.

אִלּוּ הֶאֱכִילָנוּ אֶת הַמָּן. וְלֹא נָתַן לָנוּ אֶת הַשַּׁבָּת דַּיֵּנוּ:

If He had fed us the manna and had not given us the Shabbat; [it would have been] enough for us.

אִלּוּ נָתַן לָנוּ אֶת הַשַּׁבָּת. וְלֹא קֵרְבָנוּ לִפְנֵי הַר סִינַי דַּיֵּנוּ:

If He had given us the Shabbat and had not brought us close to Mount Sinai; [it would have been] enough for us.

אִלּוּ קֵרְבָנוּ לִפְנֵי הַר סִינַי. וְלֹא נָתַן לָנוּ אֶת הַתּוֹרָה דַּיֵּנוּ:

If He had brought us close to Mount Sinai and had not given us the Torah; [it would have been] enough for us.

אִלּוּ נָתַן לָנוּ אֶת הַתּוֹרָה. וְלֹא הִכְנִיסָנוּ לְאֶרֶץ יִשְׂרָאֵל דַּיֵּנוּ:

If He had given us the Torah and had not brought us into the land of Israel; [it would have been] enough for us.

אִלּוּ הִכְנִיסָנוּ לְאֶרֶץ יִשְׂרָאֵל. וְלֹא בָנָה לָנוּ אֶת בֵּית הַמִּקְדָּשׁ דַּיֵּנוּ:

If He had brought us into the land of Israel and had not built us the 'Chosen House' [the Temple; it would have been] enough for us.

עַל אַחַת כַּמָּה וְכַמָּה טוֹבָה כְּפוּלָה וּמְכֻפֶּלֶת לַמָּקוֹם עָלֵינוּ. הוֹצִיאָנוּ מִמִּצְרַיִם. עָשָׂה בָהֶם שְׁפָטִים. עָשָׂה בֵאלֹהֵיהֶם. הָרַג בְּכוֹרֵיהֶם. נָתַן לָנוּ אֶת-מָמוֹנָם. קָרַע לָנוּ אֶת-הַיָּם. הֶעֱבִירָנוּ בְתוֹכוֹ בֶּחָרָבָה. שִׁקַּע צָרֵינוּ בְּתוֹכוֹ. סִפֵּק צָרְכֵּנוּ בַּמִּדְבָּר אַרְבָּעִים שָׁנָה. הֶאֱכִילָנוּ אֶת הַמָּן. נָתַן לָנוּ אֶת הַשַּׁבָּת. קֵרְבָנוּ לִפְנֵי הַר סִינַי. נָתַן לָנוּ אֶת הַתּוֹרָה. הִכְנִיסָנוּ לְאֶרֶץ יִשְׂרָאֵל. וּבָנָה לָנוּ אֶת בֵּית הַבְּחִירָה. לְכַפֵּר עַל כָּל-עֲוֹנוֹתֵינוּ:

How much more so is the good that is doubled and quadrupled that the God bestowed upon us [enough for us]; since he took us out of Egypt, and made judgments with them, and made [them] with their gods, and killed their firstborn, and gave us their money, and split the Sea for us, and brought us through it on dry land, and pushed down our enemies in [the Sea], and supplied our needs in the wilderness for forty years, and fed us the manna, and gave us the Shabbat, and brought us close to Mount Sinai, and gave us the Torah, and brought us into the land of Israel and built us the 'Chosen House' [the Temple] to atone upon all of our sins.

Rabban Gamliel's Three Things – The Crux of the Seder

רַבָּן גַּמְלִיאֵל הָיָה אוֹמֵר. כָּל-מִי שֶׁלֹּא אָמַר שְׁלֹשָׁה דְּבָרִים אֵלּוּ בַּפֶּסַח. לֹא יָצָא יְדֵי חוֹבָתוֹ. וְאֵלּוּ הֵן. פֶּסַח. מַצָּה. וּמָרוֹר:

Rabban Gamliel was accustomed to say, “Anyone who has not said these three things on Pesach has not fulfilled his obligation, and these are them: the Pesach sacrifice, matsa and marror.”

כשיאמר פסח יסתכל בזרוע אבל לא יאחזנו בידו.

When we say “Pesach,” one should look at the shank bone on the Seder plate but not pick it up.

פֶּסַח שֶׁהָיוּ אֲבוֹתֵינוּ אוֹכְלִים בִּזְמַן שֶׁבֵּית הַמִּקְדָּשׁ הָיָה קַיָּם עַל שׁוּם מָה. עַל שׁוּם שֶׁפָּסַח הַקָּדוֹשׁ בָּרוּךְ הוּא עַל בָּתֵּי אֲבוֹתֵינוּ בְּמִצְרַיִם. שֶׁנֶּאֱמַר. וַאֲמַרְתֶּם זֶבַח־פֶּסַח הוּא לַיהֹוָה אֲשֶׁר פָּסַח עַל־בָּתֵּי בְנֵי־יִשְׂרָאֵל בְּמִצְרַיִם בְּנָגְפּוֹ אֶת־מִצְרַיִם וְאֶת־בָּתֵּינוּ הִצִּיל וַיִּקֹּד הָעָם וַיִּשְׁתַּחֲווּ:

The Pesach [passover] sacrifice that our ancestors were accustomed to eating when the Temple existed, for the sake of what [was it]? For the sake [to commemorate] that the Holy One, blessed be He, passed over the homes of our ancestors in Egypt, as it is stated (Shemot 12:27); "And you shall say: 'It is the passover sacrifice to the Lord, for that He passed over the homes of the Children of Israel in Egypt, when He smote the Egyptians, and our homes he saved.' And the people bowed the head and bowed".

יגביה את המצה העליונה ויאמר מצה זו.

One should pick up the top Matza and say "Matza Zo..."

מַצָּה זוֹ שֶׁאֲנַחְנוּ אוֹכְלִים עַל שׁוּם מָה. עַל שׁוּם שֶׁלֹּא הִסְפִּיק בְּצֵקָם שֶׁל אֲבוֹתֵינוּ לְהַחְמִיץ. עַד שֶׁנִּגְלָה עֲלֵיהֶם מֶלֶךְ מַלְכֵי הַמְּלָכִים הַקָּדוֹשׁ בָּרוּךְ הוּא וּגְאָלָם מִיָּד. שֶׁנֶּאֱמַר. וַיֹּאפוּ אֶת־הַבָּצֵק אֲשֶׁר הוֹצִיאוּ מִמִּצְרַיִם עֻגֹת מַצּוֹת כִּי לֹא חָמֵץ כִּי־גֹרְשׁוּ מִמִּצְרַיִם וְלֹא יָכְלוּ לְהִתְמַהְמֵהַּ וְגַם־צֵדָה לֹא־עָשׂוּ לָהֶם:

This matsa that we are eating, for the sake of what [is it]? For the sake [to commemorate] that our ancestors' dough was not yet able to rise, before the King of the kings of kings, the Holy One, blessed be He, revealed [Himself] to them and redeemed them, as it is stated (Shemot 12:39); "And they baked the dough which they brought out of Egypt into matsa cakes, since it did not rise; because they were expelled from Egypt, and could not tarry, neither had they made for themselves provisions".

יאחז המרור בידו ויאמר מרור זה.

One picks up the Marror and says "Marror Zeh..."

מָרוֹר זֶה שֶׁאֲנַחְנוּ אוֹכְלִים עַל שׁוּם מָה. עַל שׁוּם שֶׁמָּרְרוּ הַמִּצְרִיִּים אֶת חַיֵּי אֲבוֹתֵינוּ בְּמִצְרַיִם. שֶׁנֶּאֱמַר. וַיְמָרְרוּ אֶת־חַיֵּיהֶם בַּעֲבֹדָה קָשָׁה בְּחֹמֶר וּבִלְבֵנִים וּבְכָל־עֲבֹדָה בַּשָּׂדֶה אֵת כָּל־עֲבֹדָתָם אֲשֶׁר־עָבְדוּ בָהֶם בְּפָרֶךְ:

This marror [bitter greens] that we are eating, for the sake of what [is it]? For the sake [to commemorate] that the

Egyptians embittered the lives of our ancestors in Egypt, as it is stated (Shemot 1:14); "And they made their lives bitter with hard service, in mortar and in brick, and in all manner of service in the field; in all their service, wherein they made them serve with rigor".

בְּכָל-דּוֹר וָדוֹר חַיָּב אָדָם לְהַרְאוֹת אֶת-עַצְמוֹ כְּאִלּוּ הוּא יָצָא מִמִּצְרַיִם. שֶׁנֶּאֱמַר. וְהִגַּדְתָּ לְבִנְךָ בַּיּוֹם הַהוּא לֵאמֹר בַּעֲבוּר זֶה עָשָׂה יְהֹוָה לִי בְּצֵאתִי מִמִּצְרָיִם: שֶׁלֹּא אֶת אֲבוֹתֵינוּ בִּלְבַד גָּאַל הַקָּדוֹשׁ בָּרוּךְ הוּא. אֶלָּא אַף אוֹתָנוּ גָּאַל עִמָּהֶם. שֶׁנֶּאֱמַר. וְאוֹתָנוּ הוֹצִיא מִשָּׁם לְמַעַן הָבִיא אֹתָנוּ לָתֶת לָנוּ אֶת־הָאָרֶץ אֲשֶׁר נִשְׁבַּע לַאֲבֹתֵינוּ:

In each and every generation, a person is obligated to see himself as if he left Egypt, as it is stated (Shemot 13:8); "For the sake of this, did the Lord do [this] for me in my going out of Egypt." Not only our ancestors did the Holy One, blessed be He, redeem, but rather also us [together] with them did he redeem, as it is stated (Devarim 6:23); "And He took us out from there, in order to bring us in, to give us the land which He swore unto our fathers".

Hallel Part I & Second Cup of Wine

יכסה את המצה ולוקח את הכוס בידו עד גאל ישראל ויאמר:

One should cover the Matzot and pick up the cup of wine and say:

לְפִיכָךְ אֲנַחְנוּ חַיָּבִים. לְהוֹדוֹת. לְהַלֵּל. לְשַׁבֵּחַ. לְפָאֵר. לְרוֹמֵם. לְהַדֵּר. וּלְקַלֵּס לְמִי שֶׁעָשָׂה לַאֲבוֹתֵינוּ וְלָנוּ אֶת כָּל-הַנִּסִּים הָאֵלוּ. הוֹצִיאָנוּ מֵעַבְדוּת לְחֵרוּת. וּמִשִּׁעְבּוּד לִגְאֻלָּה. וּמִיָּגוֹן לְשִׂמְחָה. וּמֵאֵבֶל לְיוֹם טוֹב. וּמֵאֲפֵלָה לְאוֹר גָּדוֹל. וְנֹאמַר לְפָנָיו הַלְלוּיָהּ:

Therefore, we are obligated to thank, praise, laud, glorify, exalt, lavish, bless, raise high, and acclaim He who made all these miracles for our ancestors and for us: He brought us out from slavery to freedom, from sorrow to joy, from mourning to [celebration of] a festival, from darkness to great light, and from servitude to redemption. And let us say a new song before Him, Halleluyah!

הַלְלוּיָהּ הַלְלוּ עַבְדֵי יְהֹוָה הַלְלוּ אֶת־שֵׁם יְהֹוָה: יְהִי שֵׁם יְהֹוָה מְבֹרָךְ מֵעַתָּה וְעַד־עוֹלָם: מִמִּזְרַח־שֶׁמֶשׁ עַד־מְבוֹאוֹ מְהֻלָּל שֵׁם יְהֹוָה: רָם עַל־כָּל־גּוֹיִם יְהֹוָה עַל הַשָּׁמַיִם כְּבוֹדוֹ: מִי כַּיהֹוָה אֱלֹהֵינוּ הַמַּגְבִּיהִי לָשָׁבֶת: הַמַּשְׁפִּילִי לִרְאוֹת בַּשָּׁמַיִם וּבָאָרֶץ: מְקִימִי מֵעָפָר דָּל מֵאַשְׁפֹּת יָרִים אֶבְיוֹן: לְהוֹשִׁיבִי עִם־נְדִיבִים עִם נְדִיבֵי עַמּוֹ: מוֹשִׁיבִי עֲקֶרֶת הַבַּיִת אֵם־הַבָּנִים שְׂמֵחָה הַלְלוּיָהּ:

Halleluyah! Praise, servants of the Lord, praise the name of the Lord. May the Name of the Lord be blessed from now and forever. From the rising of the sun in the East to its setting, the name of the Lord is praised. Above all nations is the Lord, His honor is above the heavens. Who is like the Lord, our God, Who sits on high; Who looks down upon the heavens and the earth? He brings up the poor out of the dirt; from the refuse piles, He raises the destitute. To seat him with the nobles, with the nobles of his people. He seats a barren woman in a home, a happy mother of children. Halleluyah! (Tehillim 113)

בְּצֵאת יִשְׂרָאֵל מִמִּצְרָיִם בֵּית יַעֲקֹב מֵעַם לֹעֵז: הָיְתָה יְהוּדָה לְקָדְשׁוֹ יִשְׂרָאֵל מַמְשְׁלוֹתָיו: הַיָּם רָאָה וַיָּנֹס הַיַּרְדֵּן יִסֹּב לְאָחוֹר: הֶהָרִים רָקְדוּ כְאֵילִים גְּבָעוֹת כִּבְנֵי־צֹאן: מַה־לְּךָ הַיָּם כִּי תָנוּס הַיַּרְדֵּן תִּסֹּב לְאָחוֹר: הֶהָרִים תִּרְקְדוּ כְאֵילִים גְּבָעוֹת כִּבְנֵי־צֹאן:

מִלִּפְנֵי אָדוֹן חוּלִי אָרֶץ מִלִּפְנֵי אֱלוֹהַּ יַעֲקֹב: הַהֹפְכִי הַצּוּר אֲגַם־
מָיִם חַלָּמִישׁ לְמַעְיְנוֹ־מָיִם:

In Israel's going out from Egypt, the house of Ya'akov
from a people of foreign speech. The Sea saw and fled, the
Jordan turned to the rear. The mountains danced like rams,
the hills like young sheep. What is happening to you, O
Sea, that you are fleeing, O Jordan that you turn to the rear;
O mountains that you dance like rams, O hills like young
sheep? From before the Master, tremble O earth, from
before the Lord of Ya'akov. He who turns the boulder into
a pond of water, the flint into a spring of water. (Tehillim
114)

בָּרוּךְ אַתָּה יְהֹוָה אֱלֹהֵינוּ מֶלֶךְ הָעוֹלָם. אֲשֶׁר גְּאָלָנוּ וְגָאַל אֶת
אֲבוֹתֵינוּ מִמִּצְרַיִם. וְהִגִּיעָנוּ הַלַּיְלָה הַזֶּה. לֶאֱכוֹל בּוֹ מַצָּה וּמָרוֹר.
כֵּן יְהֹוָה אֱלֹהֵינוּ וֵאלֹהֵי אֲבוֹתֵינוּ הַגִּיעֵנוּ לְמוֹעֲדִים וְלִרְגָלִים
אֲחֵרִים הַבָּאִים לִקְרָאתֵנוּ לְשָׁלוֹם. שְׂמֵחִים בְּבִנְיַן עִירָךְ. וְשָׂשִׂים
בַּעֲבוֹדָתָךְ. וְנֹאכַל שָׁם מִן הַזְּבָחִים וּמִן הַפְּסָחִים אֲשֶׁר יַגִּיעַ דָּמָם
עַל קִיר מִזְבָּחָךְ לְרָצוֹן. וְנוֹדֶה לְךָ שִׁיר חָדָשׁ עַל גְּאֻלָּתֵנוּ וְעַל
פְּדוּת נַפְשֵׁנוּ. בָּרוּךְ אַתָּה יְהֹוָה גָּאַל יִשְׂרָאֵל:

Blessed are You, Lord our God, King of the universe, who
redeemed us and redeemed our ancestors from Egypt, and
brought us on this night to eat matsa and marror; so too,
Lord our God, and God of our ancestors, bring us to other
appointed times and holidays that will come to greet us in
peace, joyful in the building of your city and happy in your
worship; that we should eat there from the offerings and
from the Pesach sacrifices, the blood of which should
reach the wall of your altar for favor, and we shall thank
you with a new song upon our redemption and upon the

restoration of our souls. Blessed are you, Lord, who redeemed Israel.

וישתה את הכוס בהסבה בלי ברכה.

One drinks the cup leaning on the left side without reciting a Blessing.

Rohtzah

רָחְצָה

ירחץ ידיו. וקודם שינגבן יגביהן כנגד פניו ויברך:

One should wash his hands and recite:

בָּרוּךְ אַתָּה יְהֹוָה. אֱלֹהֵינוּ מֶלֶךְ הָעוֹלָם. אֲשֶׁר קִדְּשָׁנוּ בְּמִצְוֹתָיו וְצִוָּנוּ עַל נְטִילַת יָדָיִם:

Motzi Matza

מוֹצִיא מַצָּה

יקח שלשת המצות (שתי השלמות והפרוסה שביניהן) ויברך המוציא וישמיט מצה התחתונה ויברך על השלימה והפרוסה על אכילת מצה ויבצע שתי כזיתות משתיהן יחד ויאכלם בהסבה ויזהר שלא ידבר בדברים חיצונים בין אכילת מצה לאכילת הכורך.

One takes all three Matzot and recites Hamotzi. One then drops the lowest Matza and then recites Al Achilat Matza on the remaining two. One then eats two Kezetot (consult your rabbi regrding how much this is) of Matza while leaning on the left side. One should make sure not to speak until after Korech.

בָּרוּךְ אַתָּה יְהֹוָה. אֱלֹהֵינוּ מֶלֶךְ הָעוֹלָם. הַמּוֹצִיא לֶחֶם מִן הָאָרֶץ:

בָּרוּךְ אַתָּה יְהֹוָה. אֱלֹהֵינוּ מֶלֶךְ הָעוֹלָם. אֲשֶׁר קִדְּשָׁנוּ בְּמִצְוֹתָיו וְצִוָּנוּ עַל אֲכִילַת מַצָּה:

Marror

מָרוֹר

יקח כזית מרור ויטבל אותו בחרוסת וינער מעט מהחרוסת שעליו כדי שישאר
בו קצת מרירות

*One takes a Kazayit of Marror and dips in the Haroset. One should
shake off some of the Haroset, so the taste stays bitter. Recite the
Beracha and then eat. Do not lean.*

בָּרוּךְ אַתָּה יְהֹוָה. אֱלֹהֵינוּ מֶלֶךְ הָעוֹלָם. אֲשֶׁר קִדְּשָׁנוּ בְּמִצְוֹתָיו
וְצִוָּנוּ עַל אֲכִילַת מָרוֹר:

Korech

כּוֹרֵךְ

יקח מצה השלישית ויבצע ממנה כזית ויקח כזית מרור ויכרוך שניהם יחד
ויטבלם בחרוסת ויאמר:

*One takes a Kazayit of the third Matza with Kazayit of Marror and
dips it in Haroset and recites:*

מַצָּה וּמָרוֹר בְּלֹא בְרָכָה. זֵכֶר לְמִקְדָּשׁ. בְּיָמֵינוּ יְחֻדָּשׁ. כְּהִלֵּל הַזָּקֵן
שֶׁהָיָה כּוֹרְכָן וְאוֹכְלָן בְּבַת אַחַת. לְקַיֵּם מַה-שֶּׁנֶּאֱמַר. עַל-מַצּוֹת
וּמְרֹרִים יֹאכְלֻהוּ:

ויאכלם בהסבה.

One eats the Korech sandwich leaning on the left side.

Shulchan Orech

שֻׁלְחָן עוֹרֵךְ

יאכל סעודתו בשמחה ולא ישבע הרבה כדי שיוכל לאכול אפיקומן בתיאבון.

33

One eats the meal joyously followed by dessert. Do not eat too much, so you to be able to enjoy the afikoman, which will be the last course of the night.

Tzafun

צָפוּן

אחר שגמר סעודתו יקח חצי המצה ששמר לאפיקומן ויאכל ממנו שתי כזיתות בהסבה ואם הוא חלש וקשה עליו לאכול שתי כזיתות יאכל רק כזית אחת ויאכל אותו במקום אחד ולא בשתי מקומות ויזהר לאכלו קודם חצות ולא יאכל שום דבר אחריו וקודם שיאכלנו יאמר:

זֵכֶר לְקָרְבַּן פֶּסַח הַנֶּאֱכַל עַל הַשֹּׂבַע:

After the end of the meal, before Chatzot (Halachic midnight), all those present take preferably two kezeitim from the matsa that was concealed for the afikoman and eat from it while reclining. If having two is too difficult, one should have at least one.

Before eating the afikoman, one should recite: "In memory of the Pesach sacrifice that was eaten upon being satiated."

Barech, Birkat Hamazon

בָּרֵךְ:

ימזגו כוס של אליהו ופותחים את הדלת יטול מים אחרונים ויאחז בידו כוס שלישי ויברך ברכת המזון.

Pour the third cup, wash Mayim Acharonim, and recite Birkat HaMazon.

אֲבָרֲכָה אֶת־יְהֹוָה בְּכָל־עֵת תָּמִיד תְּהִלָּתוֹ בְּפִי: סוֹף דָּבָר הַכֹּל נִשְׁמָע אֶת־הָאֱלֹהִים יְרָא וְאֶת־מִצְוֹתָיו שְׁמוֹר כִּי־זֶה כָּל־הָאָדָם: תְּהִלַּת יְהֹוָה יְדַבֶּר־פִּי וִיבָרֵךְ כָּל־בָּשָׂר שֵׁם קָדְשׁוֹ לְעוֹלָם וָעֶד: וַאֲנַחְנוּ נְבָרֵךְ יָהּ מֵעַתָּה וְעַד־עוֹלָם הַלְלוּיָהּ: וַיְדַבֵּר אֵלַי זֶה הַשֻּׁלְחָן אֲשֶׁר לִפְנֵי יְהֹוָה:

Zimun if three men are participating:

אם הם שלשה אומר המברך

הַב לָן וְנִבְרִיךְ לְמַלְכָּא עִלָּאָה קַדִּישָׁא: (שָׁמַיִם!)

בִּרְשׁוּת מַלְכָּא עִלָּאָה קַדִּישָׁא. (בשבת: וּבִרְשׁוּת שַׁבָּת מַלְכְּתָא.) וּבִרְשׁוּת יוֹמָא טָבָא אוּשְׁפִּיזָא קַדִּישָׁא .

וּבִרְשׁוּתְכֶם. נְבָרֵךְ (בעשרה ויותר: אֱלֹהֵינוּ) שֶׁאָכַלְנוּ מִשֶּׁלּוֹ :

והמסובים והוא עונים: בָּרוּךְ (בעשרה ויותר: אֱלֹהֵינוּ) שֶׁאָכַלְנוּ מִשֶּׁלּוֹ וּבְטוּבוֹ הַגָּדוֹל חָיִינוּ:

Birkat HaMazon – Don't forget Ya'aleh veYavo!

בָּרוּךְ אַתָּה יְהֹוָה. אֱלֹהֵינוּ מֶלֶךְ הָעוֹלָם. הָאֵל הַזָּן אוֹתָנוּ וְאֶת-הָעוֹלָם כֻּלּוֹ בְּטוּבוֹ. בְּחֵן בְּחֶסֶד בְּרֵיוַח וּבְרַחֲמִים רַבִּים. נֹתֵן לֶחֶם לְכָל-בָּשָׂר כִּי לְעוֹלָם חַסְדּוֹ. וּבְטוּבוֹ הַגָּדוֹל תָּמִיד לֹא חָסַר לָנוּ. וְאַל יֶחְסַר לָנוּ מָזוֹן תָּמִיד לְעוֹלָם וָעֶד. כִּי הוּא אֵל זָן וּמְפַרְנֵס לַכֹּל. וְשֻׁלְחָנוֹ עָרוּךְ לַכֹּל. וְהִתְקִין מִחְיָה וּמָזוֹן לְכָל-בְּרִיּוֹתָיו אֲשֶׁר בָּרָא בְּרַחֲמָיו וּבְרוֹב חֲסָדָיו. כָּאָמוּר. פּוֹתֵחַ אֶת-יָדֶךָ וּמַשְׂבִּיעַ לְכָל-חַי רָצוֹן. בָּרוּךְ אַתָּה יְהֹוָה. הַזָּן אֶת-הַכֹּל:

נוֹדֶה לְּךָ יְהֹוָה אֱלֹהֵינוּ עַל שֶׁהִנְחַלְתָּ לַאֲבוֹתֵינוּ. אֶרֶץ חֶמְדָּה טוֹבָה וּרְחָבָה. בְּרִית וְתוֹרָה חַיִּים וּמָזוֹן. עַל שֶׁהוֹצֵאתָנוּ מֵאֶרֶץ מִצְרַיִם. וּפְדִיתָנוּ מִבֵּית עֲבָדִים. וְעַל בְּרִיתְךָ שֶׁחָתַמְתָּ בִּבְשָׂרֵנוּ. וְעַל תּוֹרָתְךָ שֶׁלִּמַּדְתָּנוּ. וְעַל חֻקֵּי רְצוֹנָךְ שֶׁהוֹדַעְתָּנוּ. וְעַל חַיִּים וּמָזוֹן שֶׁאַתָּה זָן וּמְפַרְנֵס אוֹתָנוּ:

עַל הַכֹּל יְהֹוָה אֱלֹהֵינוּ אֲנַחְנוּ מוֹדִים לָךְ. וּמְבָרְכִים אֶת-שְׁמָךְ. כָּאָמוּר. וְאָכַלְתָּ וְשָׂבָעְתָּ וּבֵרַכְתָּ אֶת-יְהֹוָה אֱלֹהֶיךָ עַל-הָאָרֶץ הַטֹּבָה אֲשֶׁר נָתַן-לָךְ. בָּרוּךְ אַתָּה יְהֹוָה. עַל הָאָרֶץ וְעַל הַמָּזוֹן:

רַחֵם יְהֹוָה אֱלֹהֵינוּ עָלֵינוּ וְעַל יִשְׂרָאֵל עַמָּךְ. וְעַל יְרוּשָׁלַיִם עִירָךְ. וְעַל הַר צִיּוֹן מִשְׁכַּן כְּבוֹדָךְ. וְעַל הֵיכָלָךְ. וְעַל מְעוֹנָךְ. וְעַל דְּבִירָךְ. וְעַל הַבַּיִת הַגָּדוֹל וְהַקָּדוֹשׁ שֶׁנִּקְרָא שִׁמְךָ עָלָיו. אָבִינוּ. רְעֵנוּ. זוּנֵנוּ. פַּרְנְסֵנוּ. כַּלְכְּלֵנוּ. הַרְוִיחֵנוּ הַרְוַח-לָנוּ מְהֵרָה מִכָּל-צָרוֹתֵינוּ. וְנָא. אַל תַּצְרִיכֵנוּ יְהֹוָה אֱלֹהֵינוּ. לִידֵי מַתְּנוֹת בָּשָׂר וָדָם. וְלֹא לִידֵי הַלְוָאָתָם. אֶלָּא לְיָדְךָ הַמְּלֵאָה וְהָרְחָבָה. הָעֲשִׁירָה וְהַפְּתוּחָה. יְהִי רָצוֹן שֶׁלֹּא נֵבוֹשׁ בָּעוֹלָם הַזֶּה. וְלֹא נִכָּלֵם לָעוֹלָם הַבָּא. וּמַלְכוּת בֵּית דָּוִד מְשִׁיחָךְ תַּחֲזִירֶנָּה לִמְקוֹמָהּ בִּמְהֵרָה בְיָמֵינוּ:

בשבת אומרים

If one forgot to add Retzeh on Shabbat, he must repeat Birkat HaMazon if he doesn't say the later makeup beracha.

רְצֵה וְהַחֲלִיצֵנוּ יְהֹוָה אֱלֹהֵינוּ בְּמִצְוֹתֶיךָ וּבְמִצְוַת יוֹם הַשְּׁבִיעִי. הַשַּׁבָּת הַגָּדוֹל וְהַקָּדוֹשׁ הַזֶּה. כִּי יוֹם גָּדוֹל וְקָדוֹשׁ הוּא מִלְּפָנֶיךָ. נִשְׁבּוֹת בּוֹ וְנָנוּחַ בּוֹ וְנִתְעַנֵּג בּוֹ כְּמִצְוַת חֻקֵּי רְצוֹנָךְ. וְאַל תְּהִי צָרָה וְיָגוֹן בְּיוֹם מְנוּחָתֵנוּ. וְהַרְאֵנוּ בְּנֶחָמַת צִיּוֹן בִּמְהֵרָה בְיָמֵינוּ. כִּי אַתָּה הוּא בַּעַל הַנֶּחָמוֹת. וַהֲגַם שֶׁאָכַלְנוּ וְשָׁתִינוּ חָרְבַּן בֵּיתְךָ הַגָּדוֹל וְהַקָּדוֹשׁ לֹא שָׁכַחְנוּ. אַל תִּשְׁכָּחֵנוּ לָנֶצַח וְאַל תִּזְנָחֵנוּ לָעַד כִּי אֵל מֶלֶךְ גָּדוֹל וְקָדוֹשׁ אָתָּה:

בליל ראשון (ושני בחוץ לארץ) אם לא אמר יעלה ויבא חוזר לראש

If one forgot to add Ya'aleh veYavo on the first night (and second outside of Israel), he must repeat Birkat HaMazon.

אֱלֹהֵינוּ וֵאלֹהֵי אֲבוֹתֵינוּ. **יַעֲלֶה וְיָבֹא** וְיַגִּיעַ וְיֵרָאֶה וְיֵרָצֶה וְיִשָּׁמַע וְיִפָּקֵד וְיִזָּכֵר זִכְרוֹנֵנוּ. וְזִכְרוֹן אֲבוֹתֵינוּ. זִכְרוֹן יְרוּשָׁלַיִם עִירָךְ. וְזִכְרוֹן מָשִׁיחַ בֶּן-דָּוִד עַבְדָּךְ. וְזִכְרוֹן כָּל-עַמְּךָ בֵּית יִשְׂרָאֵל לְפָנֶיךָ. לִפְלֵטָה לְטוֹבָה. לְחֵן לְחֶסֶד וּלְרַחֲמִים. לְחַיִּים טוֹבִים וּלְשָׁלוֹם. **בְּיוֹם חַג הַמַּצּוֹת הַזֶּה. בְּיוֹם טוֹב מִקְרָא קֹדֶשׁ הַזֶּה.** לְרַחֵם בּוֹ עָלֵינוּ וּלְהוֹשִׁיעֵנוּ. זָכְרֵנוּ יְהֹוָה אֱלֹהֵינוּ בּוֹ לְטוֹבָה. וּפָקְדֵנוּ בוֹ לִבְרָכָה. וְהוֹשִׁיעֵנוּ בוֹ לְחַיִּים טוֹבִים. בִּדְבַר יְשׁוּעָה וְרַחֲמִים. חוּס וְחָנֵּנוּ וַחֲמוֹל וְרַחֵם עָלֵינוּ וְהוֹשִׁיעֵנוּ. כִּי אֵלֶיךָ עֵינֵינוּ. כִּי אֵל מֶלֶךְ חַנּוּן וְרַחוּם אָתָּה:

וְתִבְנֶה יְרוּשָׁלַיִם עִירָךְ בִּמְהֵרָה בְיָמֵינוּ. בָּרוּךְ אַתָּה יְהֹוָה. בּוֹנֵה יְרוּשָׁלָיִם.

ואומר בלחש: אָמֵן:

אם שכח לומר יעלה ויבא ונזכר לפני שהתחיל ברכת הטוב והמטיב יאמר:

If one forgot to add Ya'aleh veYavo and realizes at this point, he should recite this beracha instead:

בָּרוּךְ אַתָּה יְהֹוָה אֱלֹהֵינוּ מֶלֶךְ הָעוֹלָם. שֶׁנָּתַן יָמִים טוֹבִים לְעַמּוֹ יִשְׂרָאֵל. לְשָׂשׂוֹן וּלְשִׂמְחָה. אֶת-יוֹם חַג הַמַּצּוֹת הַזֶּה. אֶת-יוֹם טוֹב מִקְרָא קֹדֶשׁ הַזֶּה. בָּרוּךְ אַתָּה יְהֹוָה מְקַדֵּשׁ יִשְׂרָאֵל וְהַזְּמַנִּים:

אם שכח לומר רצה והחליצנו או יעלה ויבא בשבת ונזכר לפני שהתחיל ברכת הטוב והמטיב יאמר

If one forgot to add Retzeh on Shabbat and realizes at this point, he should recite this beracha instead:

בָּרוּךְ אַתָּה יְהֹוָה אֱלֹהֵינוּ מֶלֶךְ הָעוֹלָם. שֶׁנָּתַן שַׁבָּתוֹת לִמְנוּחָה לְעַמּוֹ יִשְׂרָאֵל. בְּאַהֲבָה לְאוֹת וְלִבְרִית. וְיָמִים טוֹבִים לְשָׂשׂוֹן וּלְשִׂמְחָה. אֶת-יוֹם חַג הַמַּצּוֹת הַזֶּה. אֶת-יוֹם טוֹב מִקְרָא קֹדֶשׁ הַזֶּה. בָּרוּךְ אַתָּה יְהֹוָה מְקַדֵּשׁ הַשַּׁבָּת יִשְׂרָאֵל וְהַזְּמַנִּים:

בָּרוּךְ אַתָּה יְהֹוָה. אֱלֹהֵינוּ מֶלֶךְ הָעוֹלָם. הָאֵל אָבִינוּ. מַלְכֵּנוּ. אַדִּירֵנוּ. בּוֹרְאֵנוּ. גּוֹאֲלֵנוּ. קְדוֹשֵׁנוּ. קְדוֹשׁ יַעֲקֹב. רוֹעֵנוּ רוֹעֵה יִשְׂרָאֵל. הַמֶּלֶךְ הַטּוֹב. וְהַמֵּטִיב לַכֹּל. שֶׁבְּכָל-יוֹם וָיוֹם הוּא הֵטִיב לָנוּ. הוּא מֵטִיב לָנוּ. הוּא יֵיטִיב לָנוּ. הוּא גְמָלָנוּ. הוּא גוֹמְלֵנוּ. הוּא יִגְמְלֵנוּ לָעַד חֵן וָחֶסֶד וְרַחֲמִים וְרֵיוַח וְהַצָּלָה וְכָל-טוֹב: יענו אמן

הָרַחֲמָן הוּא יִשְׁתַּבַּח עַל כִּסֵּא כְבוֹדוֹ: הָרַחֲמָן הוּא יִשְׁתַּבַּח בַּשָּׁמַיִם וּבָאָרֶץ: הָרַחֲמָן הוּא יִשְׁתַּבַּח בָּנוּ לְדוֹר דּוֹרִים: הָרַחֲמָן הוּא קֶרֶן לְעַמּוֹ יָרִים: הָרַחֲמָן הוּא יִתְפָּאַר בָּנוּ לָנֵצַח נְצָחִים: הָרַחֲמָן הוּא יְפַרְנְסֵנוּ בְּכָבוֹד וְלֹא בְבִזּוּי בְּהֶתֵּר וְלֹא בְאִסּוּר בְּנַחַת וְלֹא בְצַעַר: הָרַחֲמָן הוּא יִתֵּן שָׁלוֹם בֵּינֵינוּ: הָרַחֲמָן הוּא יִשְׁלַח בְּרָכָה רְוָחָה וְהַצְלָחָה בְּכָל-מַעֲשֵׂה יָדֵינוּ: הָרַחֲמָן הוּא יַצְלִיחַ אֶת-דְּרָכֵינוּ: הָרַחֲמָן הוּא יִשְׁבּוֹר עֹל גָּלוּת מְהֵרָה מֵעַל צַוָּארֵנוּ: הָרַחֲמָן הוּא יוֹלִיכֵנוּ מְהֵרָה קוֹמְמִיּוּת לְאַרְצֵנוּ: הָרַחֲמָן הוּא יִרְפָּאֵנוּ רְפוּאָה שְׁלֵמָה. רְפוּאַת הַנֶּפֶשׁ וּרְפוּאַת הַגּוּף: הָרַחֲמָן הוּא יִפְתַּח לָנוּ אֶת-יָדוֹ הָרְחָבָה: הָרַחֲמָן הוּא יְבָרֵךְ כָּל-אֶחָד וְאֶחָד מִמֶּנּוּ בִּשְׁמוֹ הַגָּדוֹל כְּמוֹ שֶׁנִּתְבָּרְכוּ אֲבוֹתֵינוּ אַבְרָהָם יִצְחָק וְיַעֲקֹב. בַּכֹּל מִכֹּל כֹּל. כֵּן יְבָרֵךְ אוֹתָנוּ יַחַד בְּרָכָה שְׁלֵמָה. וְכֵן יְהִי רָצוֹן וְנֹאמַר אָמֵן: הָרַחֲמָן הוּא יִפְרוֹשׂ עָלֵינוּ סֻכַּת שְׁלוֹמוֹ:

שבת: הָרַחֲמָן הוּא יַנְחִילֵנוּ עוֹלָם שֶׁכֻּלּוֹ שַׁבָּת וּמְנוּחָה לְחַיֵּי הָעוֹלָמִים:

יום טוב: הָרַחֲמָן הוּא יַנְחִילֵנוּ יוֹם שֶׁכֻּלּוֹ טוֹב:

הָרַחֲמָן הוּא יִטַּע תּוֹרָתוֹ וְאַהֲבָתוֹ בְּלִבֵּנוּ וְתִהְיֶה יִרְאָתוֹ עַל פָּנֵינוּ לְבִלְתִּי נֶחֱטָא. וְיִהְיוּ כָל-מַעֲשֵׂינוּ לְשֵׁם שָׁמָיִם:

ברכת האורח: הָרַחֲמָן הוּא יְבָרֵךְ אֶת הַשֻּׁלְחָן הַזֶּה שֶׁאָכַלְנוּ עָלָיו וִיסַדֵּר בּוֹ כָּל-מַעֲדַנֵּי עוֹלָם. וְיִהְיֶה כְּשֻׁלְחָנוֹ שֶׁל אַבְרָהָם אָבִינוּ. כָּל-רָעֵב מִמֶּנּוּ יֹאכַל. וְכָל-צָמֵא מִמֶּנּוּ יִשְׁתֶּה. וְאַל יֶחְסַר מִמֶּנּוּ כָּל-טוּב לָעַד וּלְעוֹלְמֵי עוֹלָמִים. אָמֵן: הָרַחֲמָן הוּא יְבָרֵךְ בַּעַל הַבַּיִת הַזֶּה וּבַעַל הַסְּעוּדָה הַזֹּאת. הוּא וּבָנָיו וְאִשְׁתּוֹ וְכָל-אֲשֶׁר לוֹ. בְּבָנִים שֶׁיִּחְיוּ. וּבִנְכָסִים שֶׁיִּרְבּוּ. בָּרֵךְ יְהֹוָה חֵילוֹ וּפֹעַל יָדָיו תִּרְצֶה. וְיִהְיוּ נְכָסָיו וּנְכָסֵינוּ מֻצְלָחִים וּקְרוֹבִים לָעִיר. וְאַל יִזְדַּקֵּק לְפָנָיו וְלֹא לְפָנֵינוּ שׁוּם דְּבַר חֵטְא וְהִרְהוּר עָוֹן. שָׂשׂ וְשָׂמֵחַ כָּל-הַיָּמִים בְּעֹשֶׁר וְכָבוֹד. מֵעַתָּה וְעַד עוֹלָם. לֹא יֵבוֹשׁ בָּעוֹלָם הַזֶּה. וְלֹא יִכָּלֵם לָעוֹלָם הַבָּא. אָמֵן כֵּן יְהִי רָצוֹן:

הָרַחֲמָן הוּא יְחַיֵּנוּ וִיזַכֵּנוּ וִיקָרְבֵנוּ לִימוֹת הַמָּשִׁיחַ וּלְבִנְיַן בֵּית הַמִּקְדָּשׁ וּלְחַיֵּי הָעוֹלָם הַבָּא. מִגְדּוֹל יְשׁוּעוֹת מַלְכּוֹ וְעֹשֶׂה־חֶסֶד לִמְשִׁיחוֹ לְדָוִד וּלְזַרְעוֹ עַד־עוֹלָם: כְּפִירִים רָשׁוּ וְרָעֵבוּ וְדֹרְשֵׁי יְהֹוָה לֹא־יַחְסְרוּ כָל־טוֹב:

נַעַר הָיִיתִי גַּם-זָקַנְתִּי וְלֹא-רָאִיתִי צַדִּיק נֶעֱזָב וְזַרְעוֹ מְבַקֶּשׁ-לָחֶם: כָּל-הַיּוֹם חוֹנֵן וּמַלְוֶה וְזַרְעוֹ לִבְרָכָה: מַה-שֶּׁאָכַלְנוּ יִהְיֶה לְשָׂבְעָה. וּמַה-שֶּׁשָּׁתִינוּ יִהְיֶה לִרְפוּאָה. וּמַה-שֶּׁהוֹתַרְנוּ יִהְיֶה לִבְרָכָה. כְּדִכְתִיב. וַיִּתֵּן לִפְנֵיהֶם וַיֹּאכְלוּ וַיּוֹתִרוּ כִּדְבַר יְהֹוָה: בְּרוּכִים אַתֶּם לַיהֹוָה עֹשֵׂה שָׁמַיִם וָאָרֶץ: בָּרוּךְ הַגֶּבֶר אֲשֶׁר יִבְטַח בַּיהֹוָה וְהָיָה יְהֹוָה מִבְטַחוֹ: יְהֹוָה עֹז לְעַמּוֹ יִתֵּן יְהֹוָה יְבָרֵךְ אֶת-עַמּוֹ בַשָּׁלוֹם: עוֹשֶׂה שָׁלוֹם בִּמְרוֹמָיו הוּא בְרַחֲמָיו יַעֲשֶׂה שָׁלוֹם עָלֵינוּ. וְעַל כָּל-עַמּוֹ יִשְׂרָאֵל וְאִמְרוּ אָמֵן:

Third Cup of Wine

כּוֹס-יְשׁוּעוֹת אֶשָּׂא וּבְשֵׁם יְהֹוָה אֶקְרָא:

סַבְרִי מָרָנָן! (לְחַיִּים)

ויכוין לפטור בברכה זו גם כוס רביעי.

Have in mind to cover both the third and fourth cups with this Beracha.

בָּרוּךְ אַתָּה יְהֹוָה. אֱלֹהֵינוּ מֶלֶךְ הָעוֹלָם. בּוֹרֵא פְּרִי הַגֶּפֶן:

וישתהו בהסבה.

Drink leaning to the left.

Hallel

הלל

ימזגו כוס רביעי ויקרא עליו את ההלל.

Pour the fourth cup.

שְׁפֹךְ חֲמָתְךָ אֶל-הַגּוֹיִם אֲשֶׁר לֹא-יְדָעוּךָ וְעַל מַמְלָכוֹת אֲשֶׁר בְּשִׁמְךָ לֹא קָרָאוּ: כִּי אָכַל אֶת-יַעֲקֹב וְאֶת-נָוֵהוּ הֵשַׁמּוּ: שְׁפָךְ-עֲלֵיהֶם זַעְמֶךָ וַחֲרוֹן אַפְּךָ יַשִּׂיגֵם: תִּרְדֹּף בְּאַף וְתַשְׁמִידֵם מִתַּחַת שְׁמֵי יְהֹוָה:

Pour your wrath upon the nations that did not know You and upon the kingdoms that did not call upon Your Name! Since they have consumed Ya'akov and laid waste his habitation (Tehillim 79:6-7). Pour out Your fury upon them and the fierceness of Your anger shall reach them (Tehillim 69:25)! You shall pursue them with anger and eradicate them from under the skies of the Lord (Eichah 3:66).

לֹא לָנוּ יְהֹוָה לֹא לָנוּ כִּי־לְשִׁמְךָ תֵּן כָּבוֹד עַל־חַסְדְּךָ עַל־אֲמִתֶּךָ: לָמָּה יֹאמְרוּ הַגּוֹיִם אַיֵּה־נָא אֱלֹהֵיהֶם: וֵאלֹהֵינוּ בַשָּׁמָיִם כֹּל אֲשֶׁר־חָפֵץ עָשָׂה: עֲצַבֵּיהֶם כֶּסֶף וְזָהָב מַעֲשֵׂה יְדֵי אָדָם: פֶּה־לָהֶם וְלֹא יְדַבֵּרוּ עֵינַיִם לָהֶם וְלֹא יִרְאוּ: אָזְנַיִם לָהֶם וְלֹא יִשְׁמָעוּ אַף לָהֶם וְלֹא יְרִיחוּן: יְדֵיהֶם וְלֹא יְמִישׁוּן רַגְלֵיהֶם וְלֹא יְהַלֵּכוּ לֹא־יֶהְגּוּ בִּגְרוֹנָם: כְּמוֹהֶם יִהְיוּ עֹשֵׂיהֶם כֹּל אֲשֶׁר־בֹּטֵחַ בָּהֶם: יִשְׂרָאֵל בְּטַח בַּיהֹוָה עֶזְרָם וּמָגִנָּם הוּא: בֵּית אַהֲרֹן בִּטְחוּ בַיהֹוָה עֶזְרָם וּמָגִנָּם הוּא: יִרְאֵי יְהֹוָה בִּטְחוּ בַיהֹוָה עֶזְרָם וּמָגִנָּם הוּא: יְהֹוָה זְכָרָנוּ יְבָרֵךְ יְבָרֵךְ אֶת־בֵּית יִשְׂרָאֵל יְבָרֵךְ אֶת־בֵּית אַהֲרֹן: יְבָרֵךְ יִרְאֵי יְהֹוָה הַקְּטַנִּים עִם־הַגְּדֹלִים: יֹסֵף יְהֹוָה עֲלֵיכֶם עֲלֵיכֶם וְעַל־בְּנֵיכֶם: בְּרוּכִים אַתֶּם לַיהֹוָה עֹשֵׂה שָׁמַיִם וָאָרֶץ: הַשָּׁמַיִם שָׁמַיִם לַיהֹוָה וְהָאָרֶץ נָתַן לִבְנֵי־אָדָם: לֹא הַמֵּתִים יְהַלְלוּ־יָהּ וְלֹא כָּל־יֹרְדֵי דוּמָה: וַאֲנַחְנוּ נְבָרֵךְ יָהּ מֵעַתָּה וְעַד־עוֹלָם הַלְלוּיָהּ:

אָהַבְתִּי כִּי־יִשְׁמַע יְהֹוָה אֶת־קוֹלִי תַּחֲנוּנָי: כִּי־הִטָּה אָזְנוֹ לִי וּבְיָמַי אֶקְרָא: אֲפָפוּנִי חֶבְלֵי־מָוֶת וּמְצָרֵי שְׁאוֹל מְצָאוּנִי צָרָה וְיָגוֹן אֶמְצָא: וּבְשֵׁם־יְהֹוָה אֶקְרָא אָנָּה יְהֹוָה מַלְּטָה נַפְשִׁי: חַנּוּן יְהֹוָה וְצַדִּיק וֵאלֹהֵינוּ מְרַחֵם: שֹׁמֵר פְּתָאיִם יְהֹוָה דַּלּוֹתִי וְלִי יְהוֹשִׁיעַ: שׁוּבִי נַפְשִׁי לִמְנוּחָיְכִי כִּי־יְהֹוָה גָּמַל עָלָיְכִי: כִּי חִלַּצְתָּ נַפְשִׁי מִמָּוֶת אֶת־עֵינִי מִן־דִּמְעָה אֶת־רַגְלִי מִדֶּחִי: אֶתְהַלֵּךְ לִפְנֵי יְהֹוָה

בְּאַרְצוֹת הַחַיִּים׃ הֶאֱמַנְתִּי כִּי אֲדַבֵּר אֲנִי עָנִיתִי מְאֹד׃ אֲנִי אָמַרְתִּי בְחָפְזִי כָּל־הָאָדָם כֹּזֵב׃

מָה־אָשִׁיב לַיהוָה כָּל־תַּגְמוּלוֹהִי עָלָי׃ כּוֹס־יְשׁוּעוֹת אֶשָּׂא וּבְשֵׁם יְהוָה אֶקְרָא׃ נְדָרַי לַיהוָה אֲשַׁלֵּם נֶגְדָה־נָּא לְכָל־עַמּוֹ׃ יָקָר בְּעֵינֵי יְהוָה הַמָּוְתָה לַחֲסִידָיו׃ אָנָּה יְהוָה כִּי־אֲנִי עַבְדֶּךָ אֲנִי־עַבְדְּךָ בֶּן־אֲמָתֶךָ פִּתַּחְתָּ לְמוֹסֵרָי׃ לְךָ־אֶזְבַּח זֶבַח תּוֹדָה וּבְשֵׁם יְהוָה אֶקְרָא׃ נְדָרַי לַיהוָה אֲשַׁלֵּם נֶגְדָה־נָּא לְכָל־עַמּוֹ׃ בְּחַצְרוֹת בֵּית יְהוָה בְּתוֹכֵכִי יְרוּשָׁלָם הַלְלוּיָהּ׃

הַלְלוּ אֶת־יְהוָה כָּל־גּוֹיִם שַׁבְּחוּהוּ כָּל־הָאֻמִּים׃ כִּי גָבַר עָלֵינוּ חַסְדּוֹ וֶאֱמֶת־יְהוָה לְעוֹלָם הַלְלוּיָהּ׃ הוֹדוּ לַיהוָה כִּי־טוֹב כִּי לְעוֹלָם חַסְדּוֹ׃ יֹאמַר־נָא יִשְׂרָאֵל כִּי לְעוֹלָם חַסְדּוֹ׃ יֹאמְרוּ־נָא בֵית־אַהֲרֹן כִּי לְעוֹלָם חַסְדּוֹ׃ יֹאמְרוּ־נָא יִרְאֵי יְהוָה כִּי לְעוֹלָם חַסְדּוֹ׃

מִן־הַמֵּצַר קָרָאתִי יָּהּ עָנָנִי בַמֶּרְחָב יָהּ׃ יְהוָה לִי לֹא אִירָא מַה־יַּעֲשֶׂה לִי אָדָם׃ יְהוָה לִי בְּעֹזְרָי וַאֲנִי אֶרְאֶה בְשֹׂנְאָי׃ טוֹב לַחֲסוֹת בַּיהוָה מִבְּטֹחַ בָּאָדָם׃ טוֹב לַחֲסוֹת בַּיהוָה מִבְּטֹחַ בִּנְדִיבִים׃ כָּל־גּוֹיִם סְבָבוּנִי בְּשֵׁם יְהוָה כִּי אֲמִילַם׃ סַבּוּנִי גַם־סְבָבוּנִי בְּשֵׁם יְהוָה כִּי אֲמִילַם׃ סַבּוּנִי כִדְבֹרִים דֹּעֲכוּ כְּאֵשׁ קוֹצִים בְּשֵׁם יְהוָה כִּי אֲמִילַם׃ דַּחֹה דְחִיתַנִי לִנְפֹּל וַיהוָה עֲזָרָנִי׃ עָזִּי וְזִמְרָת יָהּ וַיְהִי־לִי לִישׁוּעָה׃ קוֹל רִנָּה וִישׁוּעָה בְּאָהֳלֵי צַדִּיקִים יְמִין יְהוָה עֹשָׂה חָיִל׃ יְמִין יְהוָה רוֹמֵמָה יְמִין יְהוָה עֹשָׂה חָיִל׃ לֹא אָמוּת כִּי־אֶחְיֶה וַאֲסַפֵּר מַעֲשֵׂי יָהּ׃ יַסֹּר יִסְּרַנִּי יָּהּ וְלַמָּוֶת לֹא נְתָנָנִי׃ פִּתְחוּ־לִי שַׁעֲרֵי־צֶדֶק אָבֹא־בָם אוֹדֶה יָהּ׃ זֶה־הַשַּׁעַר לַיהוָה צַדִּיקִים יָבֹאוּ בוֹ׃

אוֹדְךָ כִּי עֲנִיתָנִי וַתְּהִי־לִי לִישׁוּעָה׃ אוֹדְךָ כִּי עֲנִיתָנִי וַתְּהִי־לִי לִישׁוּעָה׃ אֶבֶן מָאֲסוּ הַבּוֹנִים הָיְתָה לְרֹאשׁ פִּנָּה׃ אֶבֶן מָאֲסוּ הַבּוֹנִים הָיְתָה לְרֹאשׁ פִּנָּה׃ מֵאֵת יְהוָה הָיְתָה זֹּאת הִיא נִפְלָאת

בְּעֵינֵֽינוּ: מֵאֵת יְהֹוָה הָֽיְתָה זֹּאת הִיא נִפְלָאת בְּעֵינֵֽינוּ: זֶה־הַיּוֹם עָשָׂה יְהֹוָה נָגִֽילָה וְנִשְׂמְחָה בוֹ: זֶה־הַיּוֹם עָשָׂה יְהֹוָה נָגִֽילָה וְנִשְׂמְחָה בוֹ:

אָנָּא יְהֹוָה הוֹשִׁיעָה נָּא. אָנָּא יְהֹוָה הוֹשִׁיעָה נָּא: אָנָּא יְהֹוָה הַצְלִיחָה נָּא. אָנָּא יְהֹוָה הַצְלִיחָה נָּא:

בָּרוּךְ הַבָּא בְּשֵׁם יְהֹוָה בֵּרַכְנוּכֶם מִבֵּית יְהֹוָה: בָּרוּךְ הַבָּא בְּשֵׁם יְהֹוָה בֵּרַכְנוּכֶם מִבֵּית יְהֹוָה: אֵל יְהֹוָה וַיָּאֶר לָֽנוּ אִסְרוּ־חַג בַּעֲבֹתִים עַד־קַרְנוֹת הַמִּזְבֵּחַ: אֵל יְהֹוָה וַיָּאֶר לָֽנוּ אִסְרוּ־חַג בַּעֲבֹתִים עַד־קַרְנוֹת הַמִּזְבֵּחַ: אֵלִי אַתָּה וְאוֹדֶךָּ אֱלֹהַי אֲרוֹמְמֶךָּ: אֵלִי אַתָּה וְאוֹדֶךָּ אֱלֹהַי אֲרוֹמְמֶךָּ: הוֹדוּ לַיהֹוָה כִּי־טוֹב כִּי לְעוֹלָם חַסְדּוֹ: הוֹדוּ לַיהֹוָה כִּי־טוֹב כִּי לְעוֹלָם חַסְדּוֹ:

Songs of Praise and Thanks

הוֹדוּ לַיהֹוָה כִּי־טוֹב כִּי לְעוֹלָם חַסְדּוֹ:
הוֹדוּ לֵאלֹהֵי הָאֱלֹהִים כִּי לְעוֹלָם חַסְדּוֹ:
הוֹדוּ לַאֲדֹנֵי הָאֲדֹנִים כִּי לְעוֹלָם חַסְדּוֹ:
לְעֹשֵׂה נִפְלָאוֹת גְּדֹלוֹת לְבַדּוֹ כִּי לְעוֹלָם חַסְדּוֹ:
לְעֹשֵׂה הַשָּׁמַיִם בִּתְבוּנָה כִּי לְעוֹלָם חַסְדּוֹ:
לְרֹקַע הָאָרֶץ עַל־הַמָּיִם כִּי לְעוֹלָם חַסְדּוֹ:
לְעֹשֵׂה אוֹרִים גְּדֹלִים כִּי לְעוֹלָם חַסְדּוֹ:
אֶת־הַשֶּׁמֶשׁ לְמֶמְשֶׁלֶת בַּיּוֹם כִּי לְעוֹלָם חַסְדּוֹ:
אֶת־הַיָּרֵחַ וְכוֹכָבִים לְמֶמְשְׁלוֹת בַּלָּיְלָה כִּי לְעוֹלָם חַסְדּוֹ:
לְמַכֵּה מִצְרַיִם בִּבְכוֹרֵיהֶם כִּי לְעוֹלָם חַסְדּוֹ:
וַיּוֹצֵא יִשְׂרָאֵל מִתּוֹכָם כִּי לְעוֹלָם חַסְדּוֹ:
בְּיָד חֲזָקָה וּבִזְרוֹעַ נְטוּיָה כִּי לְעוֹלָם חַסְדּוֹ:
לְגֹזֵר יַם־סוּף לִגְזָרִים כִּי לְעוֹלָם חַסְדּוֹ:
וְהֶעֱבִיר יִשְׂרָאֵל בְּתוֹכוֹ כִּי לְעוֹלָם חַסְדּוֹ:
וְנִעֵר פַּרְעֹה וְחֵילוֹ בְיַם־סוּף כִּי לְעוֹלָם חַסְדּוֹ:
לְמוֹלִיךְ עַמּוֹ בַּמִּדְבָּר כִּי לְעוֹלָם חַסְדּוֹ:

לְמַכֵּה מְלָכִים גְּדֹלִים כִּי לְעוֹלָם חַסְדּוֹ:
וַיַּהֲרֹג מְלָכִים אַדִּירִים כִּי לְעוֹלָם חַסְדּוֹ:
לְסִיחוֹן מֶלֶךְ הָאֱמֹרִי כִּי לְעוֹלָם חַסְדּוֹ:
וּלְעוֹג מֶלֶךְ הַבָּשָׁן כִּי לְעוֹלָם חַסְדּוֹ:
וְנָתַן אַרְצָם לְנַחֲלָה כִּי לְעוֹלָם חַסְדּוֹ:
נַחֲלָה לְיִשְׂרָאֵל עַבְדּוֹ כִּי לְעוֹלָם חַסְדּוֹ:
שֶׁבְּשִׁפְלֵנוּ זָכַר לָנוּ כִּי לְעוֹלָם חַסְדּוֹ:
וַיִּפְרְקֵנוּ מִצָּרֵינוּ כִּי לְעוֹלָם חַסְדּוֹ:
נֹתֵן לֶחֶם לְכָל־בָּשָׂר כִּי לְעוֹלָם חַסְדּוֹ:
הוֹדוּ לְאֵל הַשָּׁמָיִם כִּי לְעוֹלָם חַסְדּוֹ:

נִשְׁמַת כָּל-חַי תְּבָרֵךְ אֶת שִׁמְךָ יְהֹוָה אֱלֹהֵינוּ וְרוּחַ כָּל-בָּשָׂר תְּפָאֵר וּתְרוֹמֵם זִכְרְךָ מַלְכֵּנוּ תָּמִיד. מִן-הָעוֹלָם וְעַד-הָעוֹלָם אַתָּה אֵל. וּמִבַּלְעָדֶיךָ אֵין לָנוּ (מֶלֶךְ) גּוֹאֵל וּמוֹשִׁיעַ. פּוֹדֶה וּמַצִּיל. וְעוֹנֶה וּמְרַחֵם. בְּכָל-עֵת צָרָה וְצוּקָה. אֵין לָנוּ מֶלֶךְ עוֹזֵר וְסוֹמֵךְ אֶלָּא אָתָּה:

אֱלֹהֵי הָרִאשׁוֹנִים וְהָאַחֲרוֹנִים. אֱלוֹהַּ כָּל בְּרִיּוֹת. אֲדוֹן כָּל-תּוֹלָדוֹת. הַמְּהֻלָּל בְּכָל-הַתִּשְׁבָּחוֹת. הַמְנַהֵג עוֹלָמוֹ בְּחֶסֶד. וּבְרִיּוֹתָיו בְּרַחֲמִים. וַיהֹוָה אֱלֹהִים אֱמֶת לֹא יָנוּם וְלֹא יִישָׁן. הַמְעוֹרֵר יְשֵׁנִים וְהַמֵּקִיץ נִרְדָּמִים. מְחַיֵּה מֵתִים. וְרוֹפֵא חוֹלִים. פּוֹקֵחַ עִוְרִים. וְזוֹקֵף כְּפוּפִים. הַמֵּשִׂיחַ אִלְּמִים. וְהַמְפַעֲנֵחַ נֶעֱלָמִים. וּלְךָ לְבַדְּךָ אֲנַחְנוּ מוֹדִים:

וְאִלּוּ פִינוּ מָלֵא שִׁירָה כַּיָּם. וּלְשׁוֹנֵנוּ רִנָּה כַּהֲמוֹן גַּלָּיו. וְשִׂפְתוֹתֵינוּ שֶׁבַח כְּמֶרְחֲבֵי רָקִיעַ. וְעֵינֵינוּ מְאִירוֹת כַּשֶּׁמֶשׁ וְכַיָּרֵחַ. וְיָדֵינוּ פְרוּשׂוֹת כְּנִשְׁרֵי שָׁמַיִם. וְרַגְלֵינוּ קַלּוֹת כָּאַיָּלוֹת. אֵין אֲנַחְנוּ מַסְפִּיקִין לְהוֹדוֹת לְךָ יְהֹוָה אֱלֹהֵינוּ. וּלְבָרֵךְ אֶת-שִׁמְךָ מַלְכֵּנוּ. עַל-אַחַת מֵאֶלֶף אַלְפֵי אֲלָפִים וְרוֹב רִבֵּי רְבָבוֹת פְּעָמִים. הַטּוֹבוֹת נִסִּים וְנִפְלָאוֹת שֶׁעָשִׂיתָ עִמָּנוּ וְעִם אֲבוֹתֵינוּ. מִלְּפָנִים מִמִּצְרַיִם גְּאַלְתָּנוּ יְהֹוָה אֱלֹהֵינוּ. מִבֵּית עֲבָדִים פְּדִיתָנוּ. בְּרָעָב

זַנְתָּנוּ. וּבְשָׂבָע כִּלְכַּלְתָּנוּ. מֵחֶרֶב הִצַּלְתָּנוּ. מִדֶּבֶר מִלַּטְתָּנוּ. וּמֵחֳלָאִים רָעִים וְרַבִּים דִּלִּיתָנוּ. עַד הֵנָּה עֲזָרוּנוּ רַחֲמֶיךָ וְלֹא עֲזָבוּנוּ חֲסָדֶיךָ. עַל כֵּן אֵבָרִים שֶׁפִּלַּגְתָּ בָּנוּ. וְרוּחַ וּנְשָׁמָה שֶׁנָּפַחְתָּ בְּאַפֵּינוּ. וְלָשׁוֹן אֲשֶׁר שַׂמְתָּ בְּפִינוּ. הֵן הֵם. יוֹדוּ וִיבָרְכוּ. וִישַׁבְּחוּ. וִיפָאֲרוּ. וִישׁוֹרְרוּ. אֶת-שִׁמְךָ מַלְכֵּנוּ תָּמִיד. כִּי כָל-פֶּה לְךָ יוֹדֶה. וְכָל-לָשׁוֹן לְךָ תְשַׁבֵּחַ. וְכָל-עַיִן לְךָ תְצַפֶּה. וְכָל-בֶּרֶךְ לְךָ תִכְרַע. וְכָל-קוֹמָה לְפָנֶיךָ תִשְׁתַּחֲוֶה. וְהַלְּבָבוֹת יִירָאוּךָ. וְהַקֶּרֶב וְהַכְּלָיוֹת יְזַמְּרוּ לִשְׁמֶךָ. כַּדָּבָר שֶׁנֶּאֱמַר. כָּל עַצְמוֹתַי תֹּאמַרְנָה יְהֹוָה מִי כָמוֹךָ מַצִּיל עָנִי מֵחָזָק מִמֶּנּוּ וְעָנִי וְאֶבְיוֹן מִגֹּזְלוֹ.

שַׁוְעַת עֲנִיִּים אַתָּה תִשְׁמַע. צַעֲקַת הַדַּל תַּקְשִׁיב וְתוֹשִׁיעַ. וְכָתוּב. רַנְּנוּ צַדִּיקִים בַּיהֹוָה לַיְשָׁרִים נָאוָה תְהִלָּה.

בְּפִי יְשָׁרִים תִּתְרוֹמָם:

וּבְשִׂפְתֵי צַדִּיקִים תִּתְבָּרַךְ:

וּבִלְשׁוֹן חֲסִידִים תִּתְקַדָּשׁ:

בְּקֶרֶב קְדוֹשִׁים תִּתְהַלָּל:

בְּמִקְהֲלוֹת רִבְבוֹת עַמְּךָ בֵּית יִשְׂרָאֵל. שֶׁכֵּן חוֹבַת כָּל-הַיְצוּרִים לְפָנֶיךָ יְהֹוָה אֱלֹהֵינוּ וֵאלֹהֵי אֲבוֹתֵינוּ. לְהוֹדוֹת. לְהַלֵּל. לְשַׁבֵּחַ. לְפָאֵר. לְרוֹמֵם. לְהַדֵּר. וּלְנַצֵּחַ. עַל-כָּל-דִּבְרֵי שִׁירוֹת וְתִשְׁבְּחוֹת דָּוִד בֶּן-יִשַׁי עַבְדְּךָ מְשִׁיחֶךָ: וּבְכֵן

יִשְׁתַּבַּח שִׁמְךָ לָעַד מַלְכֵּנוּ. הָאֵל. הַמֶּלֶךְ הַגָּדוֹל. וְהַקָּדוֹשׁ. בַּשָּׁמַיִם וּבָאָרֶץ. כִּי לְךָ נָאֶה יְהֹוָה אֱלֹהֵינוּ וֵאלֹהֵי אֲבוֹתֵינוּ לְעוֹלָם וָעֶד. שִׁיר. וּשְׁבָחָה. הַלֵּל. וְזִמְרָה. עֹז. וּמֶמְשָׁלָה. נֶצַח. גְּדֻלָּה. גְּבוּרָה. תְּהִלָּה. וְתִפְאֶרֶת. קְדֻשָּׁה. וּמַלְכוּת. בְּרָכוֹת וְהוֹדָאוֹת. לְשִׁמְךָ הַגָּדוֹל וְהַקָּדוֹשׁ. וּמֵעוֹלָם וְעַד עוֹלָם אַתָּה אֵל:

יְהַלְלוּךָ יְהֹוָה אֱלֹהֵינוּ כָּל-מַעֲשֶׂיךָ. וַחֲסִידֶיךָ וְצַדִּיקִים עוֹשֵׂי רְצוֹנֶךָ. וְעַמְּךָ בֵּית יִשְׂרָאֵל. כֻּלָּם בְּרִנָּה יוֹדוּ וִיבָרְכוּ וִישַׁבְּחוּ וִיפָאֲרוּ אֶת-שֵׁם כְּבוֹדֶךָ. כִּי לְךָ טוֹב לְהוֹדוֹת וּלְשִׁמְךָ נָעִים לְזַמֵּר.

וּמֵעוֹלָם וְעַד עוֹלָם אַתָּה אֵל. בָּרוּךְ אַתָּה יְהֹוָה מֶלֶךְ מְהֻלָּל בַּתִּשְׁבָּחוֹת. אָמֵן:

Fourth Cup of Wine

וישתה כוס רביעי בהסבה ואחר כך יברך ברכה אחרונה.

Drink the fourth cup and recite the Beracha Acharonah.

בָּרוּךְ אַתָּה יְהֹוָה. אֱלֹהֵינוּ מֶלֶךְ הָעוֹלָם. עַל הַגֶּפֶן וְעַל פְּרִי הַגֶּפֶן וְעַל תְּנוּבַת הַשָּׂדֶה. וְעַל אֶרֶץ חֶמְדָּה טוֹבָה וּרְחָבָה. שֶׁרָצִיתָ וְהִנְחַלְתָּ לַאֲבוֹתֵינוּ. לֶאֱכֹל מִפִּרְיָהּ. וְלִשְׂבֹּעַ מִטּוּבָהּ. רַחֵם יְהֹוָה אֱלֹהֵינוּ עָלֵינוּ וְעַל יִשְׂרָאֵל עַמָּךְ. וְעַל יְרוּשָׁלַיִם עִירָךְ. וְעַל הַר צִיּוֹן מִשְׁכַּן כְּבוֹדָךְ. וְעַל מִזְבְּחָךְ. וְעַל הֵיכָלָךְ. וּבְנֵה יְרוּשָׁלַיִם עִיר הַקֹּדֶשׁ בִּמְהֵרָה בְיָמֵינוּ. וְהַעֲלֵנוּ לְתוֹכָהּ. וְשַׂמְּחֵנוּ בְּבִנְיָנָהּ. וּנְבָרֶכְךָ עָלֶיהָ בִּקְדֻשָּׁה וּבְטָהֳרָה.

(שבת: וּרְצֵה וְהַחֲלִיצֵנוּ בְּיוֹם הַשַּׁבָּת הַזֶּה.)

וְשַׂמְּחֵנוּ בְּיוֹם חַג הַמַּצּוֹת הַזֶּה. בְּיוֹם טוֹב מִקְרָא קֹדֶשׁ הַזֶּה.

כִּי אַתָּה טוֹב וּמֵטִיב לַכֹּל. וְנוֹדֶה לְּךָ עַל הָאָרֶץ וְעַל פְּרִי הַגֶּפֶן (יין ישראלי: גַּפְנָהּ).

בָּרוּךְ אַתָּה יְהֹוָה. עַל הָאָרֶץ וְעַל פְּרִי הַגֶּפֶן (יין ישראלי: גַּפְנָהּ):

Nirtzah

נִרְצָה

לְשָׁנָה הַבָּאָה בִּירוּשָׁלַיִם הַבְּנוּיָה.

Next year, let us be in the built Jerusalem!

Echad Mi Yodea

אֶחָד מִי יוֹדֵעַ? אֶחָד אֲנִי יוֹדֵעַ: אֶחָד אֱלֹהֵינוּ שֶׁבַּשָּׁמַיִם וּבָאָרֶץ.

Who knows one? I know one: One is our God in the heavens and the earth.

שְׁנַיִם מִי יוֹדֵעַ? שְׁנַיִם אֲנִי יוֹדֵעַ: שְׁנֵי לֻחוֹת הַבְּרִית. אֶחָד אֱלֹהֵינוּ שֶׁבַּשָּׁמַיִם וּבָאָרֶץ.

Who knows two? I know two: two are the tablets of the covenant, One is our God in the heavens and the earth.

שְׁלֹשָׁה מִי יוֹדֵעַ? שְׁלֹשָׁה אֲנִי יוֹדֵעַ: שְׁלֹשָׁה אָבוֹת, שְׁנֵי לֻחוֹת הַבְּרִית, אֶחָד אֱלֹהֵינוּ שֶׁבַּשָּׁמַיִם וּבָאָרֶץ.

Who knows three? I know three: three are the fathers, two are the tablets of the covenant, One is our God in the heavens and the earth.

אַרְבַּע מִי יוֹדֵעַ? אַרְבַּע אֲנִי יוֹדֵעַ: אַרְבַּע אִמָּהוֹת, שְׁלֹשָׁה אָבוֹת, שְׁנֵי לֻחוֹת הַבְּרִית, אֶחָד אֱלֹהֵינוּ שֶׁבַּשָּׁמַיִם וּבָאָרֶץ.

Who knows four? I know four: four are the mothers, three are the fathers, two are the tablets of the covenant, One is our God in the heavens and the earth.

חֲמִשָּׁה מִי יוֹדֵעַ? חֲמִשָּׁה אֲנִי יוֹדֵעַ: חֲמִשָּׁה חוּמְשֵׁי תוֹרָה, אַרְבַּע אִמָּהוֹת, שְׁלֹשָׁה אָבוֹת, שְׁנֵי לֻחוֹת הַבְּרִית, אֶחָד אֱלֹהֵינוּ שֶׁבַּשָּׁמַיִם וּבָאָרֶץ.

Who knows five? I know five: five are the books of the Torah, four are the mothers, three are the fathers, two are the tablets of the covenant, One is our God in the heavens and the earth.

שִׁשָּׁה מִי יוֹדֵעַ? שִׁשָּׁה אֲנִי יוֹדֵעַ: שִׁשָּׁה סִדְרֵי מִשְׁנָה, חֲמִשָּׁה חוּמְשֵׁי תוֹרָה, אַרְבַּע אִמָּהוֹת, שְׁלֹשָׁה אָבוֹת, שְׁנֵי לֻחוֹת הַבְּרִית, אֶחָד אֱלֹהֵינוּ שֶׁבַּשָּׁמַיִם וּבָאָרֶץ.

Who knows six? I know six: six are the orders of the Mishnah, five are the books of the Torah, four are the mothers, three are the fathers, two are the tablets of the covenant, One is our God in the heavens and the earth.

שִׁבְעָה מִי יוֹדֵעַ? שִׁבְעָה אֲנִי יוֹדֵעַ: שִׁבְעָה יְמֵי שַׁבַּתָּא, שִׁשָּׁה סִדְרֵי מִשְׁנָה, חֲמִשָּׁה חוּמְשֵׁי תוֹרָה, אַרְבַּע אִמָּהוֹת, שְׁלֹשָׁה אָבוֹת, שְׁנֵי לֻחוֹת הַבְּרִית, אֶחָד אֱלֹהֵינוּ שֶׁבַּשָּׁמַיִם וּבָאָרֶץ.

Who knows seven? I know seven: seven are the days of the week, six are the orders of the Mishnah, five are the books of the Torah, four are the mothers, three are the fathers, two are the tablets of the covenant, One is our God in the heavens and the earth.

שְׁמוֹנָה מִי יוֹדֵעַ? שְׁמוֹנָה אֲנִי יוֹדֵעַ: שְׁמוֹנָה יְמֵי מִילָה, שִׁבְעָה יְמֵי שַׁבַּתָּא, שִׁשָּׁה סִדְרֵי מִשְׁנָה, חֲמִשָּׁה חוּמְשֵׁי תוֹרָה, אַרְבַּע אִמָּהוֹת, שְׁלֹשָׁה אָבוֹת, שְׁנֵי לֻחוֹת הַבְּרִית, אֶחָד אֱלֹהֵינוּ שֶׁבַּשָּׁמַיִם וּבָאָרֶץ.

Who knows eight? I know eight: eight are the days of circumcision, seven are the days of the week, six are the orders of the Mishnah, five are the books of the Torah, four are the mothers, three are the fathers, two are the tablets of the covenant, One is our God in the heavens and the earth.

תִּשְׁעָה מִי יוֹדֵעַ? תִּשְׁעָה אֲנִי יוֹדֵעַ: תִּשְׁעָה יַרְחֵי לֵדָה, שְׁמוֹנָה יְמֵי מִילָה, שִׁבְעָה יְמֵי שַׁבַּתָּא, שִׁשָּׁה סִדְרֵי מִשְׁנָה, חֲמִשָּׁה חוּמְשֵׁי תוֹרָה, אַרְבַּע אִמָּהוֹת, שְׁלֹשָׁה אָבוֹת, שְׁנֵי לֻחוֹת הַבְּרִית, אֶחָד אֱלֹהֵינוּ שֶׁבַּשָּׁמַיִם וּבָאָרֶץ.

Who knows nine? I know nine: nine are the months of birth, eight are the days of circumcision, seven are the days of the week, six are the orders of the Mishnah, five are the books of the Torah, four are the mothers, three are the fathers, two are the tablets of the covenant, One is our God in the heavens and the earth.

עֲשָׂרָה מִי יוֹדֵעַ? עֲשָׂרָה אֲנִי יוֹדֵעַ: עֲשָׂרָה דִבְּרַיָּא, תִּשְׁעָה יַרְחֵי לֵדָה, שְׁמוֹנָה יְמֵי מִילָה, שִׁבְעָה יְמֵי שַׁבַּתָּא, שִׁשָּׁה סִדְרֵי מִשְׁנָה, חֲמִשָּׁה חוּמְשֵׁי תוֹרָה, אַרְבַּע אִמָּהוֹת, שְׁלֹשָׁה אָבוֹת, שְׁנֵי לֻחוֹת הַבְּרִית, אֶחָד אֱלֹהֵינוּ שֶׁבַּשָּׁמַיִם וּבָאָרֶץ. עֲשָׂרָה אַחַד עָשָׂר מִי יוֹדֵעַ? אַחַד עָשָׂר אֲנִי יוֹדֵעַ: אַחַד עָשָׂר כּוֹכְבַיָּא, עֲשָׂרָה דִבְּרַיָּא, תִּשְׁעָה יַרְחֵי לֵדָה, שְׁמוֹנָה יְמֵי מִילָה, שִׁבְעָה יְמֵי שַׁבַּתָּא, שִׁשָּׁה סִדְרֵי מִשְׁנָה, חֲמִשָּׁה חוּמְשֵׁי תוֹרָה, אַרְבַּע אִמָּהוֹת, שְׁלֹשָׁה אָבוֹת, שְׁנֵי לֻחוֹת הַבְּרִית, אֶחָד אֱלֹהֵינוּ שֶׁבַּשָּׁמַיִם וּבָאָרֶץ.

Who knows ten? I know ten: ten are the statements, nine are the months of birth, eight are the days of circumcision, seven are the days of the week, six are the orders of the Mishnah, five are the books of the Torah, four are the mothers, three are the fathers, two are the tablets of the covenant, One is our God in the heavens and the earth.

Who knows eleven? I know eleven: eleven are the stars, ten are the statements, nine are the months of birth, eight are the days of circumcision, seven are the days of the week, six are the orders of the Mishnah, five are the books of the Torah, four are the mothers, three are the fathers, two are the tablets of the covenant, One is our God in the heavens and the earth.

שְׁנֵים עָשָׂר מִי יוֹדֵעַ? שְׁנֵים עָשָׂר אֲנִי יוֹדֵעַ: שְׁנֵים עָשָׂר שִׁבְטַיָּא, אַחַד עָשָׂר כּוֹכְבַיָּא, עֲשָׂרָה דִבְּרַיָּא, תִּשְׁעָה יַרְחֵי לֵדָה, שְׁמוֹנָה יְמֵי מִילָה, שִׁבְעָה יְמֵי שַׁבָּתָא, שִׁשָּׁה סִדְרֵי מִשְׁנָה, חֲמִשָּׁה חוּמְשֵׁי תוֹרָה, אַרְבַּע אִמָּהוֹת, שְׁלֹשָׁה אָבוֹת, שְׁנֵי לֻחוֹת הַבְּרִית, אֶחָד אֱלֹהֵינוּ שֶׁבַּשָּׁמַיִם וּבָאָרֶץ.

Who knows twelve? I know twelve: twelve are the tribes, eleven are the stars, ten are the statements, nine are the months of birth, eight are the days of circumcision, seven are the days of the week, six are the orders of the Mishnah, five are the books of the Torah, four are the mothers, three are the fathers, two are the tablets of the covenant, One is our God in the heavens and the earth.

שְׁלֹשָׁה עָשָׂר מִי יוֹדֵעַ? שְׁלֹשָׁה עָשָׂר אֲנִי יוֹדֵעַ: שְׁלֹשָׁה עָשָׂר מִדַּיָּא. שְׁנֵים עָשָׂר שִׁבְטַיָּא, אַחַד עָשָׂר כּוֹכְבַיָּא, עֲשָׂרָה דִבְּרַיָּא, תִּשְׁעָה יַרְחֵי לֵדָה, שְׁמוֹנָה יְמֵי מִילָה, שִׁבְעָה יְמֵי שַׁבָּתָא, שִׁשָּׁה סִדְרֵי מִשְׁנָה, חֲמִשָּׁה חוּמְשֵׁי תוֹרָה, אַרְבַּע אִמָּהוֹת, שְׁלֹשָׁה אָבוֹת, שְׁנֵי לֻחוֹת הַבְּרִית, אֶחָד אֱלֹהֵינוּ שֶׁבַּשָּׁמַיִם וּבָאָרֶץ.

Who knows thirteen? I know thirteen: thirteen are the characteristics, twelve are the tribes, eleven are the stars, ten are the statements, nine are the months of birth, eight are the days of circumcision, seven are the days of the week, six are the orders of the Mishnah, five are the books of the Torah, four are the mothers, three are the fathers, two are the tablets of the covenant, One is our God in the heavens and the earth.

Chad Gadya

חַד גַּדְיָא, חַד גַּדְיָא דִּזַבִּין אַבָּא בִּתְרֵי זוּזֵי, חַד גַּדְיָא, חַד גַּדְיָא.

One kid, one kid that my father bought for two zuz, one kid, one kid.

וְאָתָא שׁוּנְרָא וְאָכְלָה לְגַדְיָא, דְּזַבִּין אַבָּא בִּתְרֵי זוּזֵי. חַד גַּדְיָא, חַד גַּדְיָא.

Then came a cat and ate the kid that my father bought for two zuz, one kid, one kid.

וְאָתָא כַלְבָּא וְנָשַׁךְ לְשׁוּנְרָא, דְּאָכְלָה לְגַדְיָא, דְּזַבִּין אַבָּא בִּתְרֵי זוּזֵי. חַד גַּדְיָא, חַד גַּדְיָא.

Then came a dog and bit the cat, that ate the kid that my father bought for two zuz, one kid, one kid.

וְאָתָא חוּטְרָא וְהִכָּה לְכַלְבָּא, דְּנָשַׁךְ לְשׁוּנְרָא, דְּאָכְלָה לְגַדְיָא, דְּזַבִּין אַבָּא בִּתְרֵי זוּזֵי. חַד גַּדְיָא, חַד גַּדְיָא.

Then came a stick and hit the dog, that bit the cat, that ate the kid that my father bought for two zuz, one kid, one kid.

וְאָתָא נוּרָא וְשָׂרַף לְחוּטְרָא, דְּהִכָּה לְכַלְבָּא, דְּנָשַׁךְ לְשׁוּנְרָא, דְּאָכְלָה לְגַדְיָא, דְּזַבִּין אַבָּא בִּתְרֵי זוּזֵי. חַד גַּדְיָא, חַד גַּדְיָא.

Then came fire and burnt the stick, that hit the dog, that bit the cat, that ate the kid that my father bought for two zuz, one kid, one kid.

וְאָתָא מַיָּא וְכָבָה לְנוּרָא, דְּשָׂרַף לְחוּטְרָא, דְּהִכָּה לְכַלְבָּא, דְּנָשַׁךְ לְשׁוּנְרָא, דְּאָכְלָה לְגַדְיָא, דְּזַבִּין אַבָּא בִּתְרֵי זוּזֵי. חַד גַּדְיָא, חַד גַּדְיָא.

Then came water and extinguished the fire, that burnt the stick, that hit the dog, that bit the cat, that ate the kid that my father bought for two zuz, one kid, one kid.

וְאָתָא תוֹרָא וְשָׁתָה לְמַיָּא, דְּכָבָה לְנוּרָא, דְּשָׂרַף לְחוּטְרָא, דְּהִכָּה לְכַלְבָּא, דְּנָשַׁךְ לְשׁוּנְרָא, דְּאָכְלָה לְגַדְיָא, דְּזַבִּין אַבָּא בִּתְרֵי זוּזֵי. חַד גַּדְיָא, חַד גַּדְיָא.

Then came a bull and drank the water, that extinguished the fire, that burnt the stick, that hit the dog, that bit the cat, that ate the kid that my father bought for two zuz, one kid, one kid.

וְאָתָא הַשּׁוֹחֵט וְשָׁחַט לְתוֹרָא, דְּשָׁתָה לְמַיָּא, דְּכָבָה לְנוּרָא, דְּשָׂרַף לְחוּטְרָא, דְּהִכָּה לְכַלְבָּא, דְּנָשַׁךְ לְשׁוּנְרָא, דְּאָכְלָה לְגַדְיָא, דְּזַבִּין אַבָּא בִּתְרֵי זוּזֵי. חַד גַּדְיָא, חַד גַּדְיָא.

Then came the schochet and slaughtered the bull, that drank the water, that extinguished the fire, that burnt the stick, that hit the dog, that bit the cat, that ate the kid that my father bought for two zuz, one kid, one kid.

וְאָתָא מַלְאַךְ הַמָּוֶת וְשָׁחַט לְשׁוֹחֵט, דְּשָׁחַט לְתוֹרָא, דְּשָׁתָה לְמַיָּא, דְּכָבָה לְנוּרָא, דְּשָׂרַף לְחוּטְרָא, דְּהִכָּה לְכַלְבָּא, דְּנָשַׁךְ לְשׁוּנְרָא, דְּאָכְלָה לְגַדְיָא, דְּזַבִּין אַבָּא בִּתְרֵי זוּזֵי. חַד גַּדְיָא, חַד גַּדְיָא.

Then came the angel of death and slaughtered the schochet, who slaughtered the bull, that drank the water, that extinguished the fire, that burnt the stick, that hit the dog, that bit the cat, that ate the kid that my father bought for two zuz, one kid, one kid.

וְאָתָא הַקָּדוֹשׁ בָּרוּךְ הוּא וְשָׁחַט לְמַלְאַךְ הַמָּוֶת, דְּשָׁחַט לְשׁוֹחֵט, דְּשָׁחַט לְתוֹרָא, דְּשָׁתָה לְמַיָּא, דְּכָבָה לְנוּרָא, דְּשָׂרַף לְחוּטְרָא, דְּהִכָּה לְכַלְבָּא, דְּנָשַׁךְ לְשׁוּנְרָא, דְּאָכְלָה לְגַדְיָא, דְּזַבִּין אַבָּא בִּתְרֵי זוּזֵי. חַד גַּדְיָא, חַד גַּדְיָא.

Then came the Holy One, blessed be He and slaughtered the angel of death, who slaughtered the schochet, who slaughtered the bull, that drank the water, that extinguished the fire, that burnt the stick, that hit the dog, that bit the cat, that ate the kid that my father bought for two zuz, one kid, one kid.

Made in the USA
Las Vegas, NV
07 April 2025

20643937R00031